文史哲學集成

吳椿榮著

石頭紅樓典

文史哲出版社印行

國家圖書館出版品預行編目資料

石頭紅樓典 / 吳椿榮著. -- 初版. -- 臺北市：
文史哲，民 99.11
194 頁 21 公分.（文史哲學集成；592）
參考書目：頁 187-194
ISBN 978-957-547-937-2(平裝)

1.紅學 2.研究考訂

851.43　　99022311

文史哲學集成 592

石頭紅樓典

著者：吳椿榮
出版者：文史哲出版社
http://www.lapen.com.tw
e-mail:lapen@ms74.hinet.net
登記證字號：行政院新聞局版臺業字五三三七號
發行人：彭正雄
發行所：文史哲出版社
印刷者：文史哲出版社
臺北市羅斯福路一段七十二巷四號
郵政劃撥帳號：一六一八○一七五
電話886-2-23511028・傳真886-2-23965656

實價新臺幣二六〇元

中華民國九十九年（2010）十一月初版

ISBN 978-957-547-937-2　00592

丙戌冬成書

石頭紅樓典

默菴署

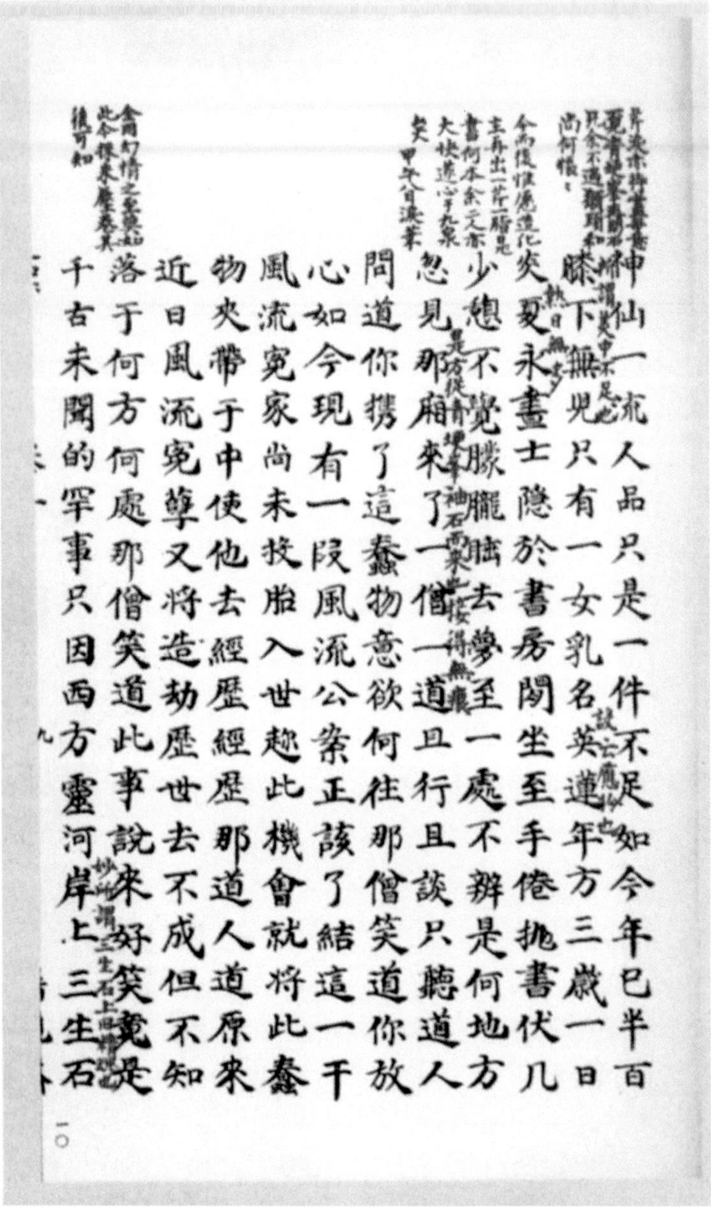

仙一流人品只是一件不足如今年巳半百
膝下無兒只有一女乳名英蓮年方三歲一日
炎夏永晝士隱於書房閑坐至手倦拋書伏几
少憩不覺朦朧睡去夢至一處不辨是何地方
忽見那廂來了一僧一道且行且談只聽道人
問道你攜了這蠢物意欲何往那僧笑道你放
心如今現有一段風流公案正該了結這一干
風流冤家尚未投胎入世趁此機會就將此蠢
物夾帶于中使他去經歷經歷那道人道原來
近日風流冤孽又將造劫歷世去不成但不知
落于何方何處那僧笑道此事說來好笑竟是
千古未聞的罕事只因西方靈河岸上三生石

一〇

甲戌本第一回書影（二）；書影（一）詳封面

自序

傳奇、小說，汗牛充棟。余酷嗜紅樓夢、儒林外史、水滸全傳與三國演義，屢讀未厭，尤獨鍾巨作紅樓。

紅樓夢傳抄之初或以石頭記為其書名。石印本梓行，始改稱紅樓夢；手抄本除蒙府本、楊藏本外，多八十回本或殘本，石印及活字刻本則皆已為一二〇回本：

一、書名多　或稱石頭記、或稱情憎錄、或稱風月寶鑑、或稱金陵十二釵、或稱紅樓夢，一書五名。

二、版本多　手抄本有甲戌、庚辰、己卯、列藏、蒙府、甲辰……諸本。活字本有程（又分程甲、程乙、程丙）、戚二系、廖序有正本及近四十年陸續匯整校注各新本。

三、人物多　書中有姓有名有職稱者五八三人，無姓名以職銜（務）稱呼者與歷史人物各十七人，總數逾六百人之眾。

四、典故、名句多　書中所用典故、名句、俗（諺）語多達四〇八則，徵引或所創作之詩、詞、文，計二一二篇。

五、禮制、風俗、生活器用多　包括儒、釋、道宗教詞彙、禮儀制度與風俗用語、生活器用與（中）醫藥材、症候諸稱，總計多達一、七六五種（則）。

六、續貂之作多　於今尚存世者，即有㈠後紅樓夢（三〇回、逍遙子撰、乾隆晚年）、㈡紅樓復夢（一〇〇回、陳少海撰、嘉慶間）、㈢續紅樓夢（三〇回本、秦子忱撰、嘉慶間）、㈣續紅夢新編（四〇回、海圃主人撰、嘉慶間）、㈤紅樓圓夢（三一回、夢夢主人撰、嘉慶間）、㈥紅樓夢補（四八回、歸鋤子撰、嘉慶間）、㈦綺樓重夢（四八回、蘭皐居士、嘉慶間）、㈧續紅樓夢（四八回）增補紅樓夢（三二回）以上二書均係嫏嬛山樵撰於嘉、道間、㈨紅樓幻夢（二四回、花月痴人撰、道光間）、㈩續紅樓夢稿（二〇回、張曜孫撰、道光間）、⑪紅樓夢影（二四回、雲槎外史撰、光緒初年）、⑫紅樓逸編（未分回贋叟、宣統元年）。

「六多」之外，又有「二長」：

一、篇幅長　以當世通行一二〇回本為例，總字數（不加標點）近八十萬字。

二、風行期長　溯自乾隆間（約公元一七五四年）迄今二百五十餘載，其閱眾與年俱增，謂紅樓夢膾炙人口，誰曰不宜？清季至今，且先後譯成外文，計有日文本（一七種）、英文本（一一種）、法文本（六種）、俄文本（五種）、德文本（三種）、朝鮮文本（二種）、義文本（二種）、荷文本、希臘文本、捷克斯拉夫文本、匈牙利文本、羅馬尼亞文本、越文本、泰文本（以上均各一種），總數十四國語文、五十三種版本，謂其風行海內外，名登國際古典小說名著之列，誰曰不宜？

至其原撰者曹雪芹，出身世襲織造家族，工詩畫、能詩文、擅工藝，所製紙鳶借風展翅，栩栩栩如生。不幸遭抄沒之厄，北還京師西郊，境況蹭蹬、三餐不繼，恆以食粥度日，猶撰成此巨作鴻篇，誠屬難得之怪傑奇人也。

丙戌秋，余整理舊匣，隨手將昔日讀紅筆記稍作整理、潤飾，茲以「石頭・紅樓・典」為書名付剞，或尚可資有意探紅者導讀之助。敝帚妄予自珍，貽笑在所不免。至懇同好大家，不吝賜教。梓行在際，略綴蕪言，聊充卷首。

庚寅初夏朽翁吳椿榮序于中和寄寓

石頭・紅樓・典 目次

卷一、略說紅樓 …… 二三
一、書名 …… 二三
二、版本 …… 二五
三、內容與情節 …… 三五
四、作者 …… 四六
卷二、紅樓夢與用典（之一） …… 五一
一、女媧氏煉石補天 …… 五一
二、詩禮簪纓之族 …… 五三
三、石兄 …… 五四
四、者也之乎 …… 五五
五、地陷東南 …… 五六
六、三生石 …… 五七
七、芹意 …… 五八
八、鐘鼎之家 …… 五九
九、膝下（荒涼） …… 六〇
十、東牀 …… 六〇
十一、夤緣 …… 六一
十二、賤荊 …… 六二
十三、槁木死灰 …… 六二
十四、貧賤之交 …… 六三
十五、鬥鷄走馬 …… 六四
十六、參商 …… 六五
十七、求全之毀，不虞之隙 …… 六六
十八、藏愚守拙 …… 六七
十九、蟾宮折桂 …… 六七
二〇、龍陽之興 …… 六八
二一、週而復始 …… 六九
二二、垂青目 …… 六九
二三、舜巡 …… 七〇
二四、易簀 …… 七一

二五、胸中大有丘壑……七二
二六、有鳳來儀……七二
二七、管窺蠡測……七三
二八、杏花村……七三
二九、武陵源、秦人舊舍……七四
三〇、蓼汀花漵……七五
卷三、紅樓夢與用典（之二）……七六
三一、李太白鳳凰臺之作，全套黃鶴樓……七六
三二、朝乾夕惕……七七
三三、趙錢孫李……七七
三四、一字師……七九
三五、花解語……八一
三六，祿蠹……八二
三七、一目十行……八二
三八、鳳尾森森，龍吟細細……八三
三九、金蟬脫殼……八四
四〇、負荊請罪……八五
四一、東施笑顰……八六
四二、雙星……八七
四三、鍾靈毓秀……八七
四四、蕉葉覆鹿……八八
四五、瀟湘妃子……八九
四六、附驥……八九
四七、有個唐僧取經，就有個白馬來馱他……九〇
四八、劉智遠打天下，就有個瓜精來送盔甲……九一
四九、楚霸王舉千斤鼎……九二
五〇、聖樂一奏、百獸率舞……九二
五一、蘭言……九三
五二、春秋的法子……九三
五三、金蘭契……九四
五四、司馬牛之嘆……九四
五五、剖腹藏珠……九五
五六、得隴望蜀……九五
五七、地靈人傑……九六

五八、誨人不倦……九六
五九、螢可不是草化的……九七
六〇、膠柱鼓瑟……九七

卷四、紅樓夢與用典（之三）……九九

六一、負暄……九九
六二、斑衣戲彩……一〇〇
六三、通人……一〇〇
六四、匡人看見孔子，只當是陽虎……一〇一
六五、釵荊裙布、荊釵布裙……一〇一
六六、把一個鶯鶯小姐，反弄成拷打紅娘了……一〇二
六七、投鼠忌器……一〇四
六八、芍藥裀……一〇五
六九、鷄窗、鷄人……一〇五
七〇、請君入甕……一〇六
七一、嵩呼……一〇七
七二、稽顙泣血……一〇八
七三、玉山傾倒……一〇八
七四、聚麀……一〇九
七五、欲令智昏……一一〇
七六、富比石崇、才過子建、貌比潘安……一一〇
七七、尤物……一一二
七八、杜工部也有媚語……一一三
七九、屏開鸞鳳，褥設芙蓉……一一五
八〇、守如處女，脫如狡兔……一一五
八一、齒竭唇亡……一一六
八二、虎狼屯於階陛尚談因果……一一六
八三、矢孤介……一一七
八四、春睡捧心之遺風……一一七
八五、二難……一一八
八六、雪窗熒火……一一九
八七、張僧繇畫一乘寺的故事……一二〇
八八、續貂……一二一
八九、孔子廟前之檜、坟前之蓍……一二二

九〇、諸葛祠之柏……一二三
九一、岳武穆兵前之松……一二四

卷五、紅樓夢與用典（之四）

……一二六
九二、楊太真沉香亭之木芍藥……一二六
九三、端正樓之相思樹……一二七
九四、王昭君冢上之草……一二八
九五、飽飫烹宰，飢饜糟糠……一二九
九六、蒹葭倚玉之嘆……一二九
九七、黃巾赤眉……一三〇
九八、作俑……一三一
九九、河東獅、中山狼……一三二
一〇〇、曹娥碑……一三三
一〇一、宋太祖滅南唐……一三五
一〇二、臥榻之側，豈容他人酣睡……一三六
一〇三、一日三秋……一三六
一〇四、代聖賢立言……一三七
一〇五、後生可畏……一三八
一〇六、臨文不諱……一三九
一〇七、假周勃以安劉……一三九
一〇八、龍目……一四〇
一〇九、不稂不莠……一四二
一一〇、德容功貌……一四三
一一一、相敬如賓……一四四
一一二、師曠鼓琴能來風雷龍鳳……一四四
一一三、孔聖人尚學琴於師襄，一操便知其為文王……一四五
一一四、高山流水，得遇知音……一四六
一一五、惺惺惜惺惺……一四七
一一六、蛇影杯弓……一四七
一一七、任憑弱水三千，我只取一瓢飲……一四八
一一八、姜后脫簪待罪……一四九
一一九、無鹽雖醜，能安邦定國……一四九
一二〇、荊釵布裙……一五〇
一二一、提甕出汲……一五一

一二二、截髮留賓……一五一
一二三、畫荻教子……一五二
一二四、破鏡重圓……一五二
一二五、迴文感主……一五三
一二六、代父從軍……一五四
一二七、投水尋父……一五五
一二八、引刀割鼻……一五五
卷六、紅樓夢與用典（之五）……一五七
一二九、禿妾髮……一五七
一三〇、怨洛神……一五七
一三一、屋烏之愛……一五八
一三二、田家有荊樹一棵……一五八
一三三、百里文書……一五九
一三四、青女素娥……一六〇
一三五、桑梓……一六一
一三六、結朱陳……一六一
一三七、棨戟……一六四
一三八、燕賀……一六四
一三九、樾蔭……一六五
一四〇、蔦蘿……一六五
一四一、冰人……一六六
一四二、百輛之迎……一六六
一四三、張敞畫眉……一六七
一四四、親炙……一六八
一四五、謫仙……一六九
一四六、膏粱文繡、令聞廣譽……一七〇
一四七、立德立言……一七〇
一四八、堯、舜不強巢許，武周不強夷齊……一七一
一四九、蘭桂齊芳……一七二
一五〇、鳥呼歸去……一七三
一五一、石化飛來……一七四
一五二、魯魚亥豕……一七五
一五三、刻舟求劍、膠柱鼓瑟……一七六
一五四、更轉一竿頭……一七七

曹雪芹像 王南石繪

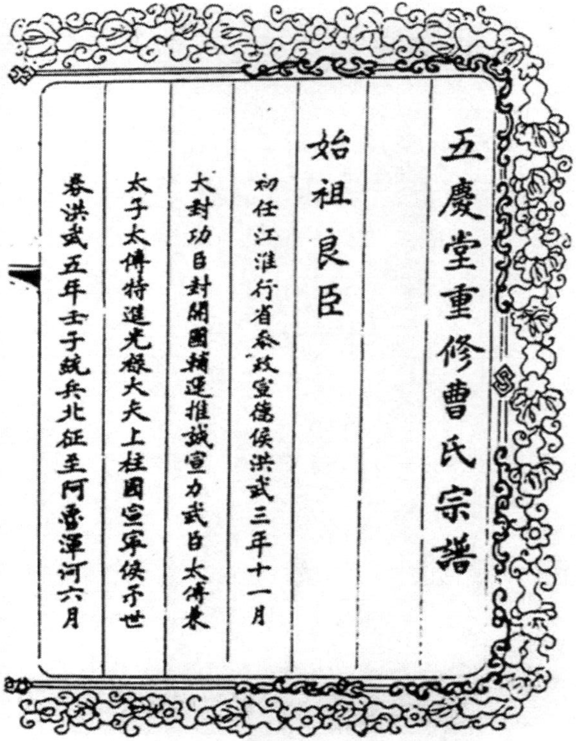

五慶堂曹氏宗譜書影（一）

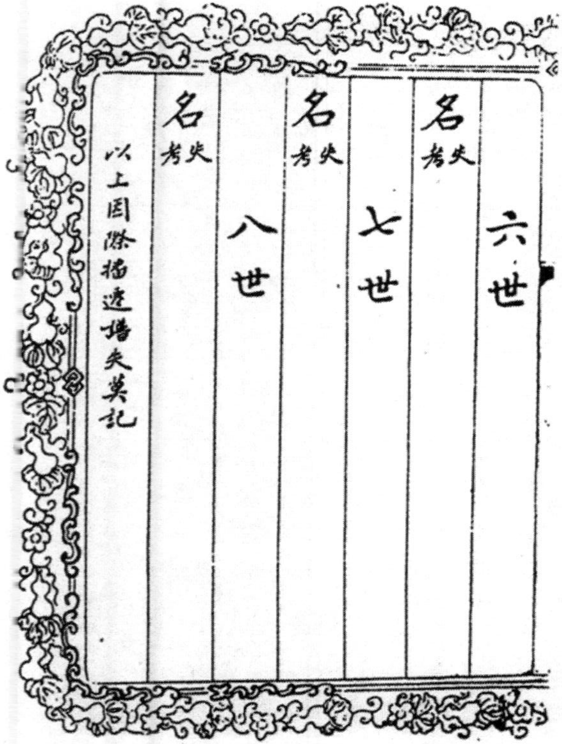

五慶堂曹氏宗譜書影（二）

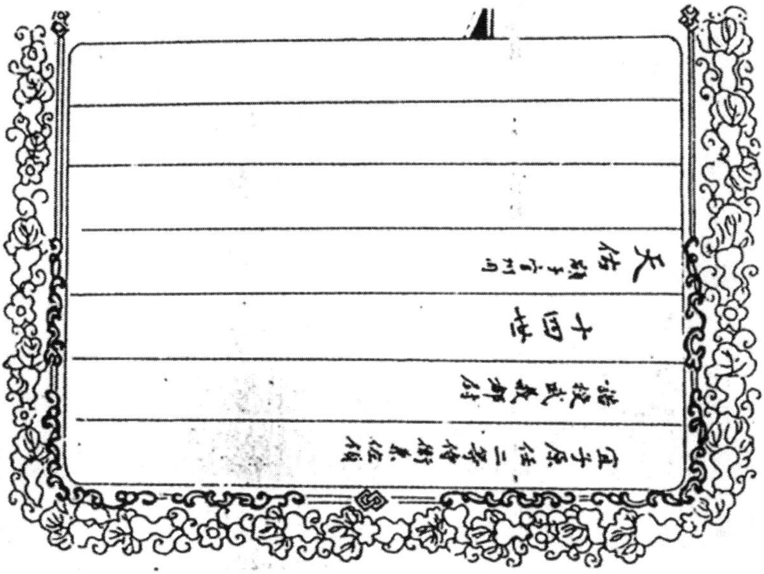

五慶堂曹氏宗譜書影（四）

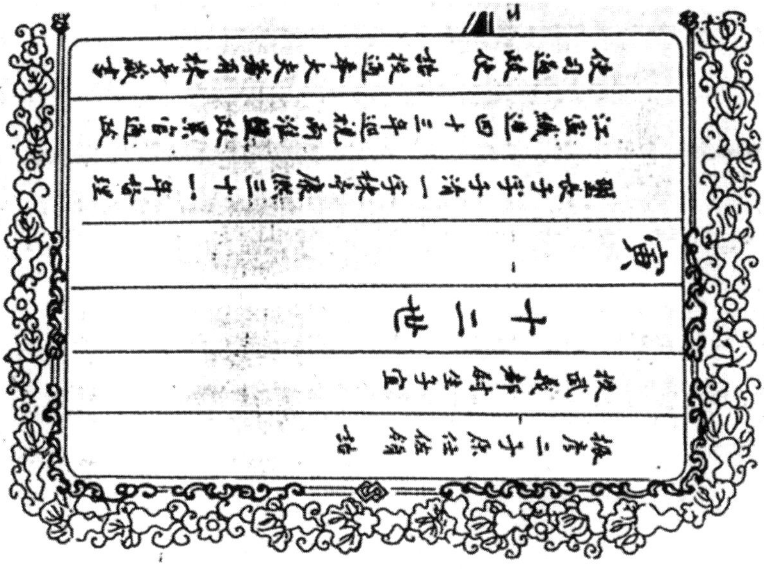

五慶堂曹氏宗譜書影（三）

檻下寒江百丈深，龕側
道人自唄香爐坐，童子能通水
心法若何求頻聞，戶偷羅山徐
彈琴茫茫，寄眼天外已聽雲
堂粥敬音

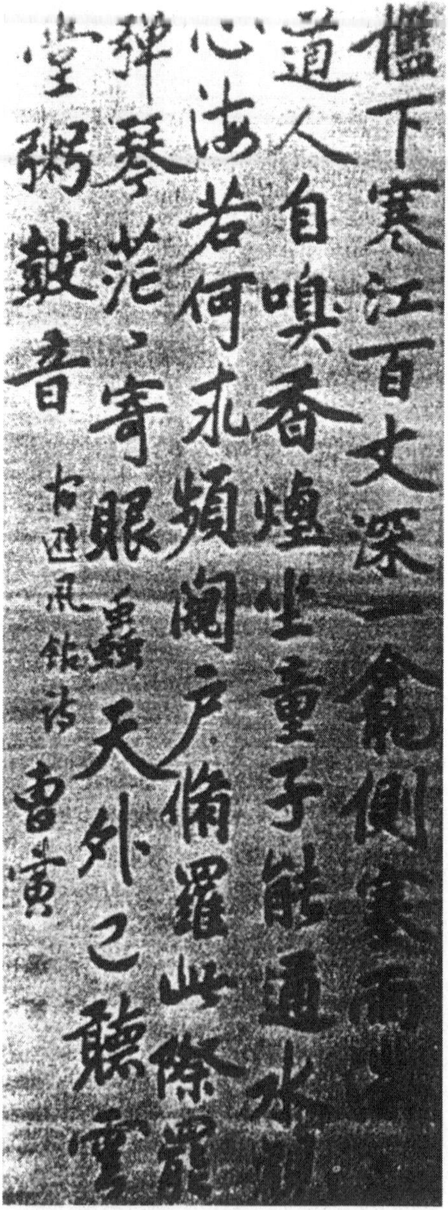

曹寅宿避風館詩手蹟

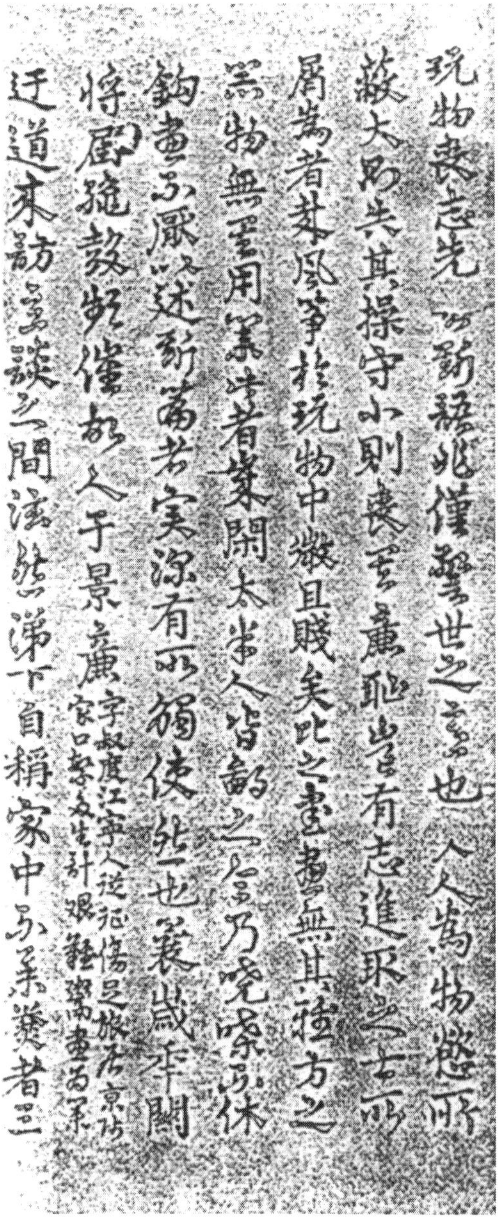

曹雪芹手蹟（南鷂北鳶考工志自序雙鈎）

增評補圖石頭記

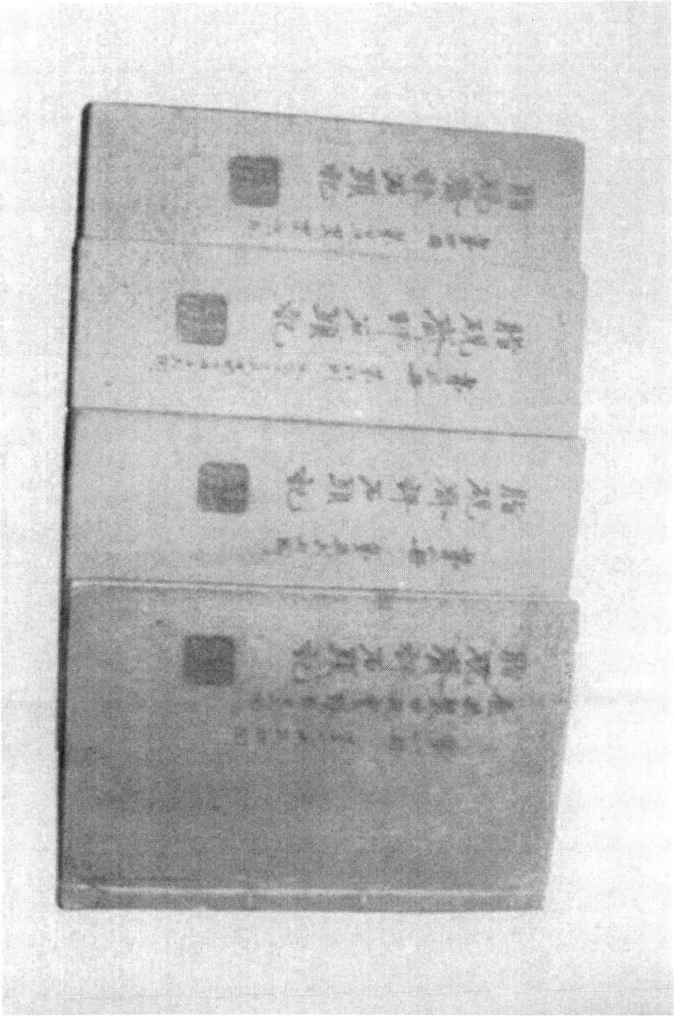

甲戌本原件。原屬劉銓福舊藏，民十六（1927）胡適之（1891-1962）購之於上海。封面題字為胡氏手蹟並鈐楷體陰文「胡適之印」私章一枚。本書於胡氏生前交美康乃爾大學圖書館庋藏。

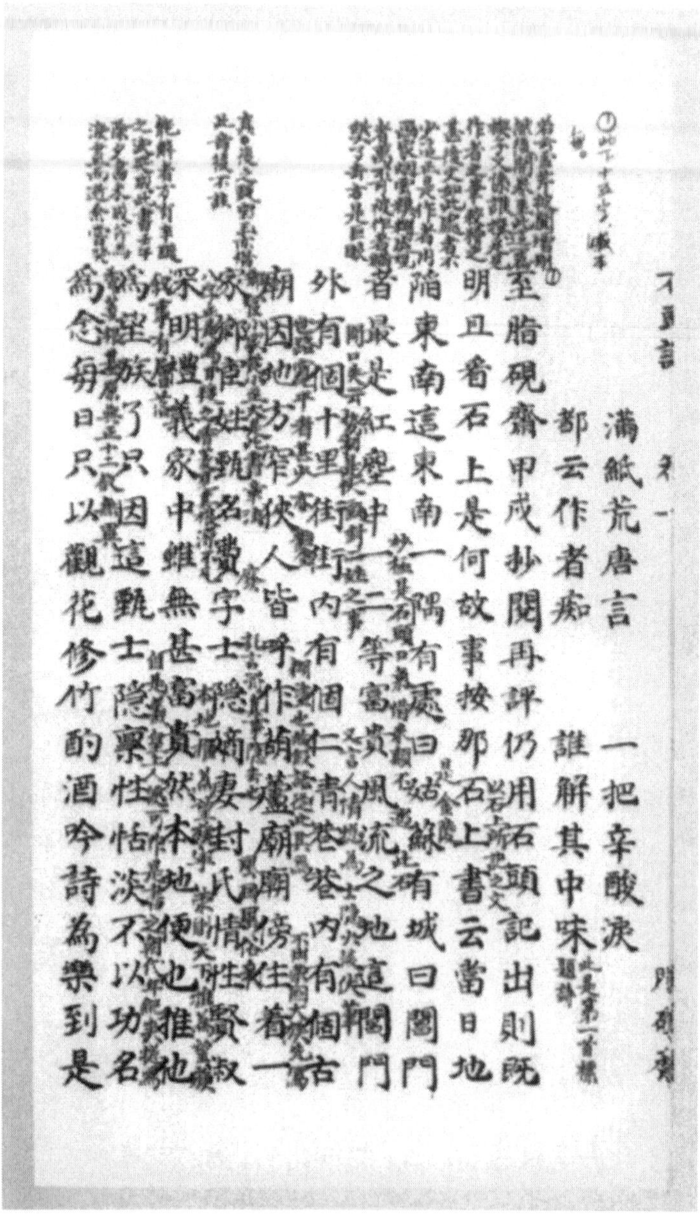

滿紙荒唐言　一把辛酸淚
都云作者痴　誰解其中味
至脂硯齋甲戌抄閱再評仍用石頭記出則既
明且看石上是何故事按那石上書云當日地
陷東南這東南一隅有處曰姑蘇有城曰閶門
者最是紅塵中一二等富貴風流之地這閶門
外有個十里街街内有個仁清巷巷内有個古
廟因地方窄狹人皆呼作葫蘆廟廟旁住着一
家鄉宦姓甄名費字士隱嫡妻封氏情性賢淑
深明禮義家中雖不甚富貴然本地便也推他
爲望族了只因這甄士隱禀性恬淡不以功名
爲念每日只以觀花修竹酌酒吟詩爲樂到是

甲戌本第一回書影（一）

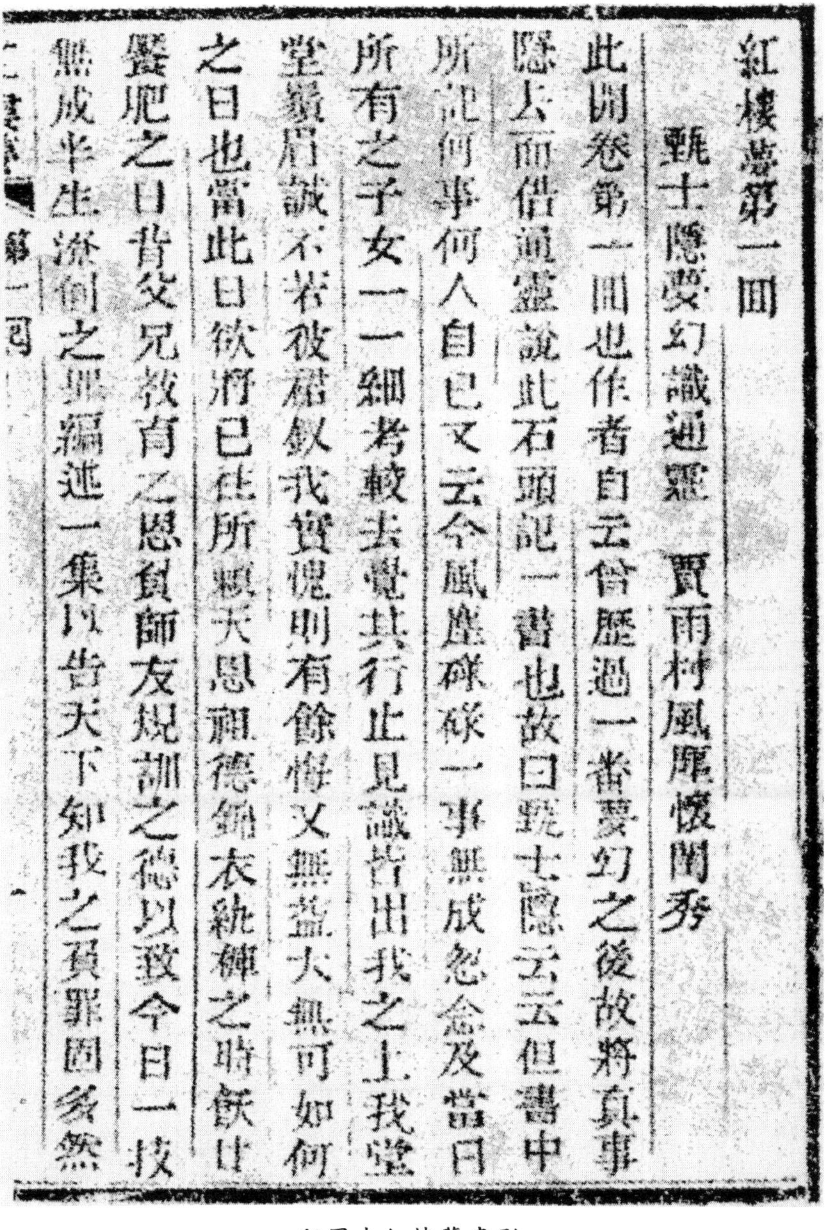
紅樓夢第一回
甄士隱夢幻識通靈　賈雨村風塵懷閨秀
此開卷第一回也作者自云曾歷過一番夢幻之後故將真事
隱去而借通靈說此石頭記一書也故曰甄士隱云云但書中
所記何事何人自己又云今風塵碌碌一事無成忽念及當日
所有之女子一一細考較去覺其行止見識皆出我之上我堂
堂鬚眉誠不若彼裙釵我實愧則有餘悔又無益大無可如何
之日也當此日欲將已往所賴天恩祖德錦衣紈袴之時飫甘
饜肥之日背父兄教育之恩負師友規訓之德以致今日一技
無成半生潦倒之罪編述一集以告天下知我之負罪固多然
紅樓夢　第一回　一

程甲本紅樓夢書影

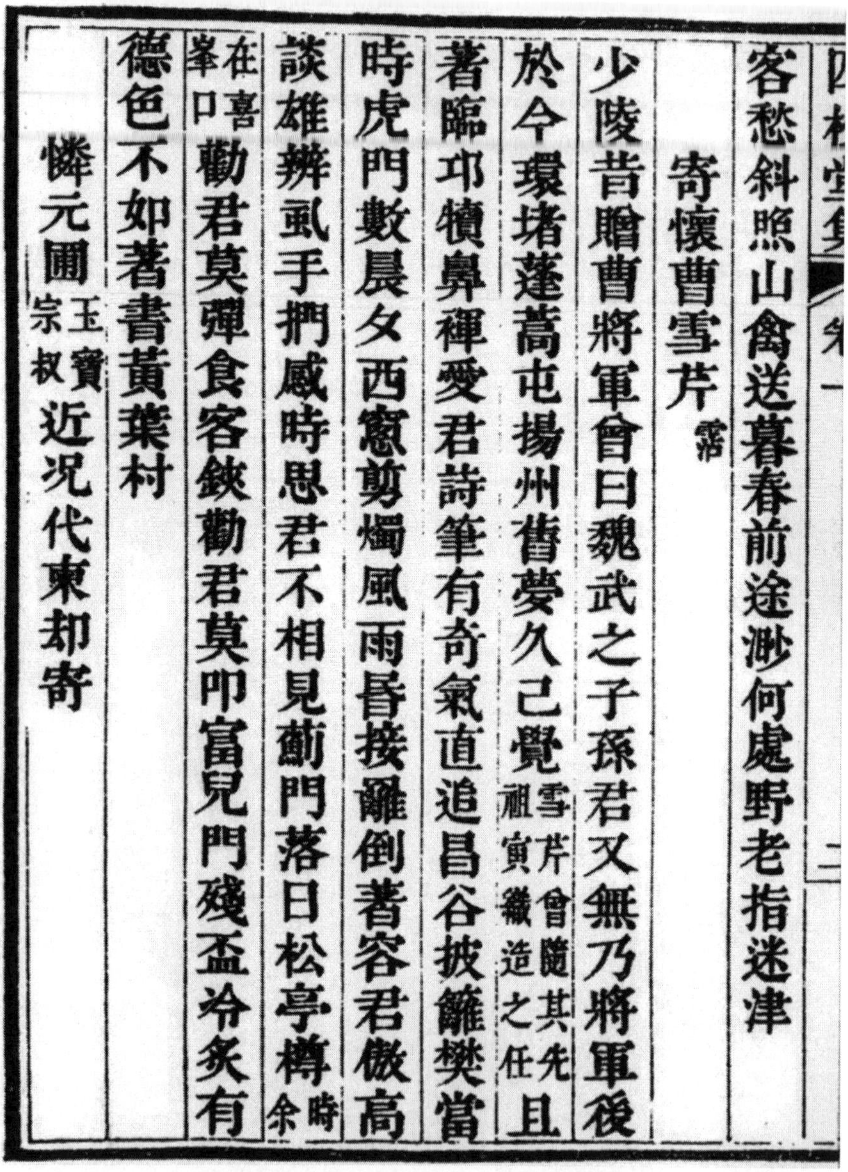

四松堂集 卷一

客愁斜照山禽送暮春前途渺何處野老指迷津

寄懷曹雪芹 霑

少陵昔贈曹將軍曾曰魏武之子孫君又無乃將軍後
於今環堵蓬蒿屯揚州舊夢久已覺（雪芹曾隨其先祖寅織造之任）且
著臨邛犢鼻褌愛君詩筆有奇氣直追昌谷披籬樊當
時虎門數晨夕西窗剪燭風雨昏接䍦倒著容君傲高
談雄辨虱手捫感時思君不相見薊門落日松亭樽（時余在喜峯口）
勸君莫彈食客鋏勸君莫叩富兒門殘盃冷炙有
德色不如著書黃葉村

憐元圃（玉寶宗叔）近況代柬却寄

敦誠寄懷曹雪芹詩書影（四松堂集）

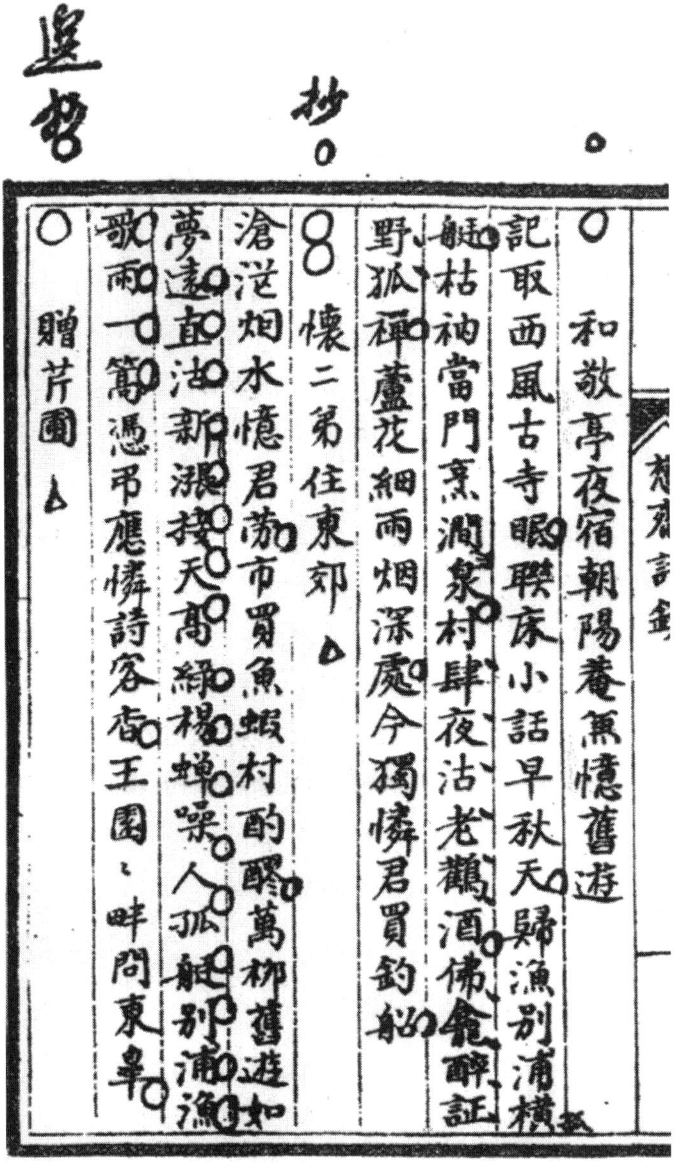

選 妙

懋齋詩鈔

和敬亭夜宿朝陽菴兼憶舊遊

記取西風古寺眠聯床小話早秋天歸漁別浦橫艇枯衲當門煮澗泉村肆夜沽老鸛酒佛龕醉誑野狐禪蘆花細雨烟深處今獨憐君買釣船

懷二弟住東郊

滄浪烟水憶君蒞市買魚蝦村酌醪萬柳舊遊如夢遠直沽新漲接天高緑楊蟬噪人孤艇別浦漁歌雨一篙憑弔應憐詩客杳王園畔問東皋

贈芹圃

敦敏贈芹圃詩之一（懋齋詩鈔書影）

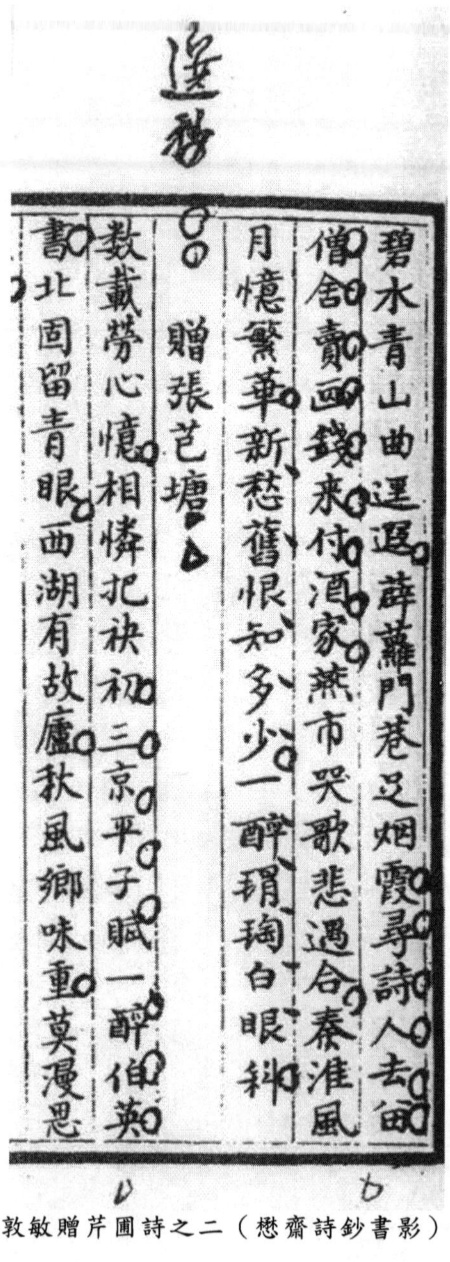

碧水青山曲逕遐薜蘿門巷足烟霞尋詩人去留
僧舍賣畫錢來付酒家燕市哭歌悲遇合秦淮風
月憶繁華新愁舊恨知多少一醉酕醄白眼斜
贈張芑塘
數載勞心憶相憐把袂初三京平子賦一醉伯英
書北固留青眼西湖有故廬秋風鄉味重莫漫思

敦敏贈芹圃詩之二（懋齋詩鈔書影）

卷一、略說紅樓

一、書名

章回小說紅樓夢，其書名有多稱，孰先孰後，始終尚無定論，蓋其原稿迄今猶未發現故也。一說初題石頭記，情僧錄、風月寶鑑、金陵十二釵乃其異稱。乾隆五十六年辛亥（一七九一）萃文書屋首度活版梓行，稱新鐫全部繡像紅樓夢，以後遂名紅樓夢：

一、脂硯齋重評石頭記凡例云：「此書開卷第一回也，作者自云：『因曾歷過一番夢幻之後，故將真事隱去，而撰此石頭記一書也。故曰：甄士隱夢幻識通靈。』今人鄧遂夫重校甲戌本注云：「此句至『閱者切記之』一大段，在庚辰本和其他各本中稍有改易——皆放在第一回回目後頂格抄寫混作正文。」

二、石頭記（戚序本）第一回：「此開卷第一回也。作者自云：『故曾歷過一番夢幻後，故將真事隱去，而借通靈說撰此石頭記一書也。』」

三、程甲本序：「石頭記是此書原名。作者相傳不一，究未知出自何人，附書內記曹雪芹先生刪改數過。……」

四、一二〇回新校本第一回：「空空道人聽如此說，思忖半晌，將這石頭記本名再拾閱一遍，……。因空見色，由色生情，傳情入色，自色悟空，遂易名為情僧，改石頭記為情僧錄。至吳玉峰題曰紅樓夢。東魯孔梅溪則題曰風月寶鑑。後因曹雪芹于悼紅軒中披閱十載、增刪五次，纂成目錄，分出章回，則題曰金陵十二釵。」

一說紅樓夢即其本名：

、甲戌本凡例：「紅樓夢旨義□書題名極□〔多〕。□□〔一曰〕□□紅樓夢，是總其全部之名也。又曰風月寶□〔鑑〕，〔是〕戒妄動風月之情。又曰石頭記，是自譬石頭所記之事也。……然此書又名曰金陵十二金釵，審其名，則必係金陵十二女子也。……」

二、今人陳維昭（一九六〇—）紅學通史：「在曹雪芹生前和死後的近四十年的時間裏，紅樓夢一開始，以『紅樓夢』的書名流行，後來則以石頭記為名，在一個小範圍裏面以抄本的形式流傳。」（頁七八）。

一說舊稱風月寶鑑，又名石頭記：

清裕瑞（？—？，宗室，豫通親王多鐸後裔）棗窗閑筆後紅樓夢書後：「聞舊有風月寶鑑一書，又名石頭記，不知為何人之筆。曹雪芹得之，以是書所傳述者，與其家之事跡略同，因借題發揮，將此部刪改至五次，愈出愈奇。」

二、版本

紅樓夢自乾隆中葉，抄本日多。其初，以抄傳之形式流行。史料記載：曹雪芹生前先後刪改五次，每次傳抄，即成一新版本。「好事者每傳抄一部，置廟市中，昂其值得數十金，可謂不脛而走者矣。」[①]當今所知紅樓夢抄本多達十三種。至於刻本，則始於乾隆五十六年（一七九一）梓行，世稱程甲本。而後各刻本陸續問世；民初以來復見校注新本，各具特色，其常見者約十八種。茲將目前存世各版本列表簡述如次——

區分	全稱	簡稱	記要	備注
抄本	脂硯齋重評石頭記	甲戌本	●第一回第八頁有「脂硯齋甲戌抄閱再評」字樣，故世稱「甲戌本」。 ●殘存十六回（第一回—八回，第十三—十六回，第廿五—廿八回。）其中，第四回末，缺下半頁，第十三回首上半頁缺左下角，每回一卷，回首題「第〇回」中縫題「石頭記卷〇頁〇、脂硯齋」。第一回前有凡例五則，每回均有朱筆眉評、行間評、夾評及回前後評。 ●原屬大興劉銓福舊藏。民十六，胡適之購於上海。民五十一前後交美康迺爾大學圖書館庋藏；民國五十年於台北首度影印。翌年，上海中華書局，（民六四）上海人民出版社，（民七五）上海古籍出版社先後有影本行世。	殘本

		●本書以乾隆甲戌（一七五四）年本為底本，於目前已發現之諸抄本中，就底本言，屬較早之過錄本。 ●本書脂評批語特多且詳，並獨有凡例及大段異文，故夙受重視。自批語中反映作者寫作、增刪等情，透露八〇回以後部分內容情節，且提供曹雪芹其身世資料。歷來頗受紅學家之青睞。	
脂硯齋重評石頭記	己卯本	●脂批有「己卯冬月定本」、「脂硯齋凡四閱評過」諸字樣，世稱「己卯本」。按：乾隆己卯合公元一七五九年。 ●今尚殘存四十三回又兩個半回。近人董康舊藏，後歸陶洙，今藏北京圖書館（四十回）；另，中國歷史博物館藏三回又兩個半回。 ●陶氏得此書時，僅存四十回。其中第一、第十兩回缺數頁，第六十四、第六十七兩回原缺，嘉道間人武裕庵等抄補。陶氏曾校錄補抄，除補足缺頁外，另據庚辰本抄補二十一至三十回；又以藍筆過錄甲戌本全部批語及凡例，以朱筆過錄庚辰本全部批語，並用甲戌、庚辰兩本校改正文。故此書真正居於原由己卯冬月定本過錄之文字僅卅八回（一—二十、三一—四〇、六一—六三、六五、六六、六八—七〇回）。	八〇回本

		●今人馮其庸考證略以：庚辰本係由己卯本過錄，兩本互為補充，可大致窺知曹作原貌。 ●本書應係前清怡親王弘曉所過錄，時間當在乾隆廿五至卅五年間（一七九六—一八〇六）。	
脂硯齋重評石頭記	庚辰本	●因有「脂硯齋凡四閱評過」、「庚辰秋月定本」諸字樣，故世稱庚辰本。按：乾隆庚辰年合公元一七六〇年。 ●原缺六十四、六十七兩回，殘存七十八回。其中十七、十八回未分。十九、八〇回缺回目。第廿二回未完，回後總評云：「此回未成而芹逝矣，嘆！嘆！。丁亥夏畸笏叟。」七十五回缺中秋詩，回前總評云：「乾隆二十一年五月初七日對清，缺中秋詩，俟雪芹。」 ●本書有脂硯齋雙行夾批、行間批、眉批及回前後評，為早期抄本中較完整之版本。 ●民廿一徐星署收藏，後歸燕京大學，今藏北大圖書館。民四四，文學古籍刊行社首度影印出版。民六三，人民文學出版社再版，民七一該社刊校注本。	八〇回本

紅樓夢	甲辰本，一稱「夢覺主人序本」	●卷首有乾隆甲辰菊月夢覺主人序，故世稱甲辰本或夢覺主人序本。按：乾隆甲辰合公元一七八四年。 ●書中有少量脂評。今存八十回。 ●山西省文化局舊藏，現歸北京圖書館庋藏。 ●民七八，書目文獻出版社影印行世。	八〇回本。
紅樓夢	己酉本，一稱舒序本。	●卷首有乾隆己酉舒元煒序，故世稱己酉本或舒序本。按：乾隆己酉合公元一七八九年。 ●書中無批語；今存四十回。 ●經考證確為乾隆間抄本而有獨特價值。今人吳曉鈴藏；影印本輯入中華書局（滬）古本小說叢刊第一輯。	八〇回本殘本。
國初抄本原本紅樓夢（封面）原本紅樓夢（扉頁）。石頭記（中縫）	戚序本	●書前有乾隆間人戚蓼生石頭記序，故多稱「戚序本」或簡稱「戚本」。宣統三年、民元間，上海有正書局首次石印，故又稱「有正本」（大字本）。 ●俞明震舊藏，後歸狄葆賢。 ●有雙行夾評及回前後評，前四十回有近人狄平子眉批；民九有正書局重印小字本，後四十回增近人眉批。民六四，人民文學出版社影印行世。	八〇回本

石頭記	列藏本	●道光十二年（一八三二）帝俄傳教士帕維爾・庫爾梁德采夫自北京攜回俄國，原藏俄外交部圖書館，後歸前蘇聯亞洲人民研究院列甯格勒分院，故世稱「列藏本」。 ●今存七十八回，有大量脂批及其他批語。 ●民七四，中華書局（滬）影印行世。	八〇回本。本書每回皆題「石頭記」，唯獨第十回作「紅樓夢」。
石頭記	蒙古王府本一稱蒙府本。	●目錄前題「石頭記」，第七一回背面有「柒爺王爺」，第七二回前總評有「為此一嘆，向以此事，七拾不富」草書字樣，因知此書原係前清蒙古王府收藏，故世稱「蒙古王府本」，簡稱「蒙府本」。 ●民四九發現於北京，現歸北京圖書館庋藏。	一二〇回本。

		●本書前八〇回屬脂本系統，大體與戚本同。其過錄時間約在庚辰本與戚序本之間。書中有大量行間評與戚本不同，且為他本所無；後四十回抄寫年代似在程甲本問世前，亦具獨特意義。	
紅樓夢	鄭藏本	●原鄭振鐸舊藏，故稱。 ●今僅存二十三、二十四兩回；無批語。 ●現歸北京圖書館。	回數不詳
乾隆鈔本百廿回紅樓夢稿	夢稿本，一稱楊藏本。	●全稱「乾隆鈔本百廿回紅樓夢稿」，世稱「夢稿本」，前清楊繼振舊藏，故一稱「楊藏本」。 ●民四八春發現，今藏中國社會科學院文學研究所。民五二，中華書局按原書影印行世。民七三，上海古籍出版社再度影印梓行。其中第四十一至五十等十回原缺，據程甲本抄配。 ●此抄本應係程偉元、高鶚二人修改稿，但並非程甲本底稿。前八十回屬脂本，均抄錄於庚辰本與甲辰本之間，後四十回於紅樓夢版本史自有其不容忽略之地位。	一二〇回本。
不詳	靖本	●題名存回均不詳，原為靖應鯤所藏，故稱靖本。 ●民國五十年代，於南京出現，旋迷失。 ●部分批語，可為脂評系統各本批語之訂訛，另有數則為各本未載，其重要性概括如上。	

活字刻本	新鐫全部繡像紅樓夢	程甲本	● 乾隆五十六年辛亥（一七九一）萃文書屋採木活字排印紅樓夢一二〇回，題「新鐫全部繡像紅樓夢」，首程偉元序、高鶚序，次繡像二十四幀，前圖後贊。程序略以：「原目一百二十卷，今所傳只八十卷，殊非全本。」「爰為竭力搜羅，自藏書家甚至故紙堆中無不留心。數年以來，僅積有二十餘卷。一日，偶于鼓擔上得十餘卷，遂重價購之，欣然翻閱，見其前後起伏，尚屬接筍，然漶漫殆不可收拾。乃同友人細加釐剔，截長補短，抄成全部，復為鐫板，以公同好。紅樓夢全書始自是告成矣。」高序則云：「……予以是書雖屬稗官野史之流，然尚不謬于名教，欣然拜諾，正以波斯奴見寶為幸，遂襄其役。」世稱「程甲本」，為一二〇回刻本之始。 ●（一二〇回）各刻本之祖本，後以之為底本者，如：程乙本，藤花榭本，王評本，金玉緣本及張俊等校注本……。 ● 此本前八〇回以脂評本為底本，後四〇回為高鶚所續補。	一二〇回。
	新鐫全部繡像紅樓夢	程乙本	● 繼程甲本後，緊接于次年修訂再版，故稱程乙本。 ● 首高鶚序，程高引言；次繡像二十四幀，仍前圖後贊。 ● 此本為爾後刊行各一二〇回紅樓夢之第二母本，亞東本等即以之為底本整理印行。	

	新評繡像紅樓夢
	王評本
• 引言略以：「初印時不及細校（按指程甲本言），閒有紕謬。今復集各原本詳加校閱，改訂無訛，……書中前八十回抄本，各家互異，今廣集校勘，准情酌理，補遺訂訛，其間互有增損數字處，意在便于批閱……後四十回就歷年所得集腋成裘，更無他本可考。惟按其前後關照者略為修輯，使其有應接而無矛盾。」 • 比較程甲、程乙二本，作者刪改字數達一九、五六八字之多，其中前八十回刪改一四、三七六字。 • 此本於前清時期，流傳不廣。民一六，亞東本出，始風行海內。	• 道光十二年（一八三二）雙清仙館刊行，簡稱王評本。 • 首王希廉批序，以次依序為程偉元序，繡像六十四幀，各配西廂及花名，前人後花，讀花主人戲編紅樓夢論贊七十四首，紅樓夢問答二十三則，大觀園圖說，周綺紅樓夢題詞十首，王希廉紅樓夢總評及音釋。回首署「洞庭王希廉雪香評」。 • 以程甲本為底本，每回結束處有總評。以此為底本者，如：王姚合評本，王張姚合評本，王蝶合評本及民十亞東初排本，為程本系統中流行最廣，影響亦最鉅之版本。
	一二〇回本。

近世各校注本			
紅樓夢	亞東本	●近人汪原放（一八九七—一九八〇）校點整理，以道光十二年雙清仙館刊王評本為底本，並採有正書局戚序本參校。加新式標點，且妥加分段，於民十，由上海亞東圖書館梓行，故稱亞東本。 ●書前附程偉元原序，胡適之紅樓夢考證，陳獨秀紅樓夢新序，汪原放校讀後記。 ●民十六，重排時，改以胡藏程乙本為底本，書前載胡適序與汪原放後記等。	一二〇回本。
紅樓夢		●民六四，今人馮其庸（一九二四—）等二十餘人，以脂硯齋重評石頭記庚辰秋月定本為底本，參校甲戌本，己卯本，蒙府本、戚序本、南圖本、甲辰本、舒序本、鄭藏本、夢稿本及程甲、程乙本等。底本諸缺文，均依其他脂本或稿本補齊；底本原缺第六四、六七兩回，採程甲本補配之，後四十回以程甲本校訂。底本與各參校本之異文部分，凡屬底本明顯衍奪訛舛者，據參校本增刪、改之。凡底本文字可通者，悉仍其舊。每回之後附加注釋。 ●此本以庚辰本，程甲本為底本，接近原著本來面目，為近世紅學研究之一大成果。 ●民七一，人民文學出版社初版梓行，書首附前言及校注凡例。	一二〇回本

紅樓夢		•今人啟功（一九一二—）審訂，張俊（？—）龔善鐸（？—）等校注，以復刻程甲本為底本，參校本多達十二種，如：程乙本，藤花榭本，王評本，妙復軒評本，王姚合評本，金玉緣本（以上程本系統），甲戌本、己卯本、庚辰本、戚序本、列藏本（以上屬脂本系統）。 •保持底本（程甲本）原貌，凡刪補，訂正及底本與參校諸本有主要異文者，皆以校記表示，俾便參閱，而注釋周延有史料依據者，大體均一一徵引，屬近世校注本中之佼佼之作。	一二〇回本
脂硯齋重評石頭記甲戌校本		•今人鄧遂夫（？—）根據現存脂評各影本，並參校程本系統諸本精校而成。 •本書於民八九歲末初版，旋重作修訂，民九四夏三修一刷，至同年十一月已達七刷，可見此校本之深為學界所重視。	餘參石頭記甲戌本。

右表根據脂、程二系諸版影印本、校注本、紅樓夢研究稀見資料匯編（上、下冊，中國藝術研究院紅樓夢研究所主編，人民文學出版社梓行、民九〇、八）及陳著紅學通史（上、下冊，上海人民出版社梓行，民九四、九）等整理而成；其中校注本尚有多種，茲從略。

三、內容與情節

紅樓夢是一部內容無比豐富、情節錯綜複雜、文字洗鍊通暢、思想深刻入微的不朽之作。曹雪芹以賈、史、王、薛四大家族為主軸，描述賈府興旺衰頹的詳盡過程，從平淡無奇的家務瑣事及其矛盾、衝突的各種現象，發出震撼人心的藝術力量，使讀者從「昌明隆盛之邦，花柳繁華之地」②當中嗅出一陣陣腐朽枯爛走向墮落的氣息，並且看見其不可避免地步入滅亡的命運。書中寧、榮二府是「赫赫揚揚，已將百載」的華閥世家，是封建帝制社會的骨幹。作者以其生動細膩的筆觸，深入剖析賈氏家族的日常生活，勾勒出生活於其中的形形色色各人物和他們彼此間既複雜又錯綜的關係，呈現出他們於精神、物質二層面所遭遇的種種矛盾與危機，從而使讀者對閉鎖的封建社會於政治、經濟、文化……諸面相，得到概括性的認知。「鐘鳴鼎食之家，翰墨詩書之族」的賈府，實際上早已充滿了多重的矛盾：「生齒日繁」，人丁眾多，卻無籌劃遠謀、關心生計之人；自詡「最是教育有方」，卻「兒孫竟一代不如一代」；自以為是「敦厚和睦」的「一家子親骨肉」，卻勾心鬥角，「恨不得你吃了我，我吃了你」；一方面「素以寬柔以待下人」，一方面卻接二連三地趕走、逼死無辜的丫鬟奴婢；自居「詩禮簪纓之家」，暗中卻勾通官府，巧取豪奪；既已寅吃卯糧、入不敷出，猶窮奢極侈，「不肯將就儉省」；一邊「臨潼鬥寶」似的狂賭爛淫，一邊對莊戶佃農噬骨吸髓地剝削壓榨，……。因為如此腐敗的現象，逐漸否定了「虛體面、假排場」的外殼；「樹倒猴猻散」的家族悲劇，附著在金玉其表、敗絮其中的各個家族成員的軀幹，亦就無可避免。二知道人紅樓說夢云：「雪芹記一世家，能包括萬千世家，假語村言，不啻晨鐘暮鼓。」③

作者並未侷限於事件之敘述與情節之描繪，且將如椽之筆深入揮灑於人物之內心世界，設法逐一刻畫出書中各人物之性格特色與趨向。至極端複雜的矛盾糾葛之中，展示各具特徵之性格，使衛道者的冷漠、叛逆者的抗爭、理想者的憧憬與遁世者的孤寂，栩栩如生、如在目前。至於，賈府各成員的精神世界，如：喜慶、喪儀、祭祀等的繁文縟節，大觀園內的宴遊嬉戲、各房長幼間的明爭暗鬥，僕婦丫環間的口角紛爭，紈絝子弟的爭風鬥毆，求情謀事者的奔競鑽營，無不赤裸裸地展現；即連一向為文學作品所忽略的經濟生活層次的細節也絲毫不遺。所謂「天上人間諸景備」的大觀園，其所反映的內容就似此一園林般的多彩，蔚為大觀。清王希廉（嘉道間人）紅樓夢總評謂此書是「翰墨則詩詞歌賦、制藝尺牘、爰書戲曲，以及對聯匾額、酒令燈謎、說書笑話，無不精善。技藝則琴棋書畫、醫卜星相及匠作構造、栽種花果、畜養禽魚、針黹烹調、巨細無遺。人物則方正明邪、貞淫頑善、節烈豪俠、剛強懦弱及前代女將、外洋詩女、仙佛鬼怪、尼僧女道、娼妓優伶、盜賊邪魔、醉漢無賴、色色俱有。事蹟則繁華筵宴、奢縱宣淫、操守廉貪、宮闈儀制、慶吊盛衰、判獄靖寇以及諷經設壇、貿易鑽營、事事皆全。甚至壽終夭折、暴病亡故、丹戕藥誤及自刎被殺、投河跳井、懸梁受逼、吞金服藥、撞階脫精等件，亦件件俱有，可謂包羅萬象，囊括無遺，豈別部小說所能望其項背？」④（新評繡像紅樓夢全傳卷首，雙清仙館刊本、道光十二年）

自古至今，男女戀情始終為文學作品之重要題材；紅樓夢自亦不例外。作者以相當大的篇幅描述此問題，尤以賈寶玉、林黛玉的愛情悲劇最為激引讀者的感慨、深思與同情。全書細膩地描繪寶玉、黛玉從兩小無猜到相知默契的感情發展歷程，掌握住青年男女於戀愛過程之中經常出現的「又要好，又要惱」，越是「冤家」，越要「聚頭」那一種微妙複雜的心態，且淋漓盡致。二玉的愛情悲劇，變因甚多：

㈠性格差異　愛情萌生的初期，賈寶玉用情不專一，「愛博而心勞」，而林黛玉則執著且深沉，以致求全責備，「小性見愛惱」，此一性格差異曾引發一系列誤會風波，甚至「剪穗」、「砸玉」不可開交。

㈡思想行為背離時代之正統道德觀念與規範　自賈母（史太君）對戲文中青年男女的自由戀愛，明白地加以「義正辭嚴」的聲討；對其長子賈赦、冢孫賈璉等之蓄妾、淫濫則視若無睹、心存寬縱等等行徑，即可了然賈、林二人在思想、志趣相投的基礎上所營造的真摯愛情如何為禮教所不容。二人苦於無法表白，只得以囫圇不解語相互試探，「一個在瀟湘館迎風灑淚，一個在怡紅院對月長呼」。一旦，寶玉傾吐肺腑，剖白心曲，種種誤會隨之冰釋，他們的性格衝突就讓位于另一個更深刻的衝突——愛情與環境、社會的尖銳衝突。此時，黛玉深感「雖素日和睦，終有嫌疑」，沉重抑鬱之情，反而日甚一日。紫娟對寶玉的試探，是為促成他倆的婚姻，作出的一次重大努力，寶玉為此激成的「痴迷」更是闔府皆知，但在主宰他們命運的家長中卻得不到任何的回應。這種情況反加深了黛玉憂鬱清怨的性格，最後終於在賈母等一手包辦的「金玉良緣」的鼓樂聲中含恨焚稿，一病而亡。

紅樓夢所出現的人物（不包括歷史人物）多達六百人，茲就其中若干主要人物略述之：

(一)賈寶玉　賈政之么子，與賈珠、賈元春同為王夫人所出，與賈環、賈探春屬同父異母兄弟（妹）。出世時，口內銜一塊晶瑩之玉，因名寶玉。生於鐘鳴鼎食之家，詩禮簪纓之族的榮國府，其父期望他振興家門，他卻「行為偏僻、個性乖張」，成為「于國于家無望」的「逆子」。他與表妹林黛玉由於思想上一致，兩人相互愛戀；這愛情卻遭到摧殘。黛玉死後，他出家為僧。賈寶玉厭惡仕途，不喜讀書。將八股文指斥為「餌名釣祿之階」，視熱衷功名者為「祿蠹」、「國賊」，不願與士大夫交接。渠不僅背離傳統的理想生活意識，且蔑視封建道德倫常規範。自己不想「為子弟之表率」以至「背父兄教育之恩」，甚至將「文死諫、武死戰」的士大夫氣節，罵得分文不值。他說「除『明明德』外無書」，亦旨在貶斥程朱理學的陳腐說教。寶玉的性格具有強烈的叛逆傾向。以金釧兒之死為觸因，賈政盛怒之下要打死寶玉，「以絕將來之患」，但寶玉無悔改之意（第卅三、卅四回）。即使他的親近者史湘雲等人用「仕途經濟」的話勸他，他也氣憤地說：這是「混帳話」。他「不管世人誹謗」！另一方面，寶玉喜歡「在內幃廝混」，對大觀園裏的女孩們卻溫文爾雅，體貼入微，另是一種性格。他料定「凡山川日月之精秀，只鍾于女兒，鬚眉男子不過是些渣滓濁沫而已」（第廿回）。他所一再強調、肯定的「女兒」的清淨潔白——與他所憎恨的醜惡、污穢、貪婪、勢利的「混濁世界」相對立——多半是指未受污染的自然、率真的心靈。而他的「情痴」，不僅是對業經失落的純真心靈的追尋，還包含著超越尊卑等級的泛愛性質，如他對晴雯等人的感情即如此。賈寶玉是一個有血有肉的人物，他有著痛苦的思想、感情等經歷，也有凡人一樣多的弱點。他是紅樓夢一書的靈魂人物：後四十回稱寶玉中鄉魁，顯然與曹雪芹所精心塑造的賈寶玉不搭配，有違原作者之本意，茲附誌之。

㈡林黛玉　金陵十二釵正冊。小名顰兒，賈母（史太君）外孫女，寶玉的表妹。出身「鐘鼎之家、書香之族」。父林如海，探花出身，後累官蘭臺寺大夫、欽點揚州巡鹽御史。母賈敏，早喪，故黛玉寓居于賈府。如海亡故後，渠遂長期寄住外婆家。林黛玉美麗聰慧，雖然從小怯弱多病，卻有「一股自然的風流態度」。所謂「心較比干多一竅，病如西子勝三分」。心靈純真，緊執于感情與理想的追求。「孤高自許，目無下塵，」不善於掩飾自己的言行，常用「比刀子還利害」的話語，投向庸俗與虛偽，以至被周圍的人認為「刻薄」、「專挑人的不好」。在禮教森嚴、人際關係勢利而冷酷的賈府，她深感寄人籬下的屈辱，時時「自矜自重，小心戒備」。個性壓抑，內心蘊積反抗的情緒。她被賈寶玉視為從不講「混帳話」的知己，他們由兩小無猜發展為真摯的愛情。薛寶釵的介入與金玉良緣的傳說，使她疑慮、憂鬱。禮教的束縛，使他不敢明確地表達自己的戀情，也不能主宰自己的婚姻。賈母、王夫人為寶玉議婚，選中賢慧明達的薛寶釵，並用鳳姐「掉包兒」之計，瞞過寶、黛而完成「金玉良緣」。寶玉、寶釵成婚之夜，黛玉在瀟湘館裏的病榻上，滿懷悲憤，焚盡詩稿，嘔血而亡。

㈢賈母　金陵世勛史侯之女，榮國公長子賈代善之正室，賈赦、賈政、賈敏之母，是貫串紅樓夢全書的主要人物之一。給人以閱歷豐富、通情達理、治家有方、深明大義、和藹慈祥的印象。在將家政委由媳婦王夫人與孫媳婦王熙鳳之後，他日常只帶領著孫兒女們游玩宴樂、安享晚年。八十回後賈府被抄。面對家運乖蹇、家業破敗，他開箱倒籠，將歷年積蓄全部取出，按情況分給各房兒孫度日，盡到老祖宗對這個家族的最後責任，表現出深明大義，享得起富貴並經得起風暴的氣度。他的通情曠達、果斷明晰，反襯出紈絝子孫的腐朽無能。

(四)王熙鳳　出身金陵四大家族之一——王府。王夫人的內姪女，賈璉的正室，人稱鳳姐，諢稱鳳辣子。賈政和王夫人將總管家務交與賈璉和王熙鳳夫妻。賈璉無能，完全受他轄制，他就成為賈府真正的當權者。熙鳳精明幹練，且貪婪錢財。渠曲意奉承賈母，一切依其眼色行事，深得賈母歡心。關心平輩，處處予以照顧，滿足他們各種需求。對下採高壓手段，凡違反家法家規，一律嚴加處治。賈府揮霍無度和財源枯竭之間的尖銳矛盾，任憑王熙鳳如何治家有法，善於克扣，也不易維持。在內部關係上，邢、王兩夫人彼此間的矛盾，使他處於尷尬的地位。同時他與賈璉間的夫妻關係亦日趨惡化。熙鳳始終未生兒子，賈璉藉口宗嗣無繼納妾招婢，直接影響他的地位，雖設計害死尤二姐，非但未能解除無子對他地位的威脅，徒然增加賈璉對他的反感和不滿。……

(五)秦可卿　寧國府賈蓉妻，金陵十二釵正冊之一，為賈母身旁最得意的重孫媳，秦可卿溫柔和平卻與公公有染，懸樑自盡。

(六)薛寶釵　出身名門，賈府王夫人的姪女，寶玉的表姊。屬金陵十二釵正冊。年幼喪父，隨母兄暫居賈府。後被賈府選中，與寶玉成婚。他容貌豐美，比黛玉別具一種風流嫵媚，而舉止嫻雅，品格端方。自小讀書識字，亦雜學旁收。他與寶玉的婚姻本屬草率、勉強，寶玉出家為僧後，他實際上成為一位年輕孀婦。

(七)賈赦　榮國公賈源之孫，賈代善、史太君之長子，襲榮國公世爵。平日依官作勢，行為不檢。曾與賈雨村勾結，強索石呆子古扇，逼石呆子憤而自盡。雖已兒孫滿堂，猶左擁右抱、尋歡作樂。連賈母也說他放著身子不管，官兒也不好生做去，成日和小老婆喝酒。他不僅糟蹋了無數良家女子，凡賈府中稍有頭臉的丫鬟也不肯輕易放過。他看上賈母房中的鴛鴦，便執意要他做妾。雖遭拒絕，仍不善罷甘休。直至賈母大發雷霆，方才勉強歇手。又花八百兩銀子，買了一位十七歲的姑娘嫣紅，收在屋裏，才悻悻了結。他胡作非為，終於遭到抄家、革職、充軍邊地的下場。

(八)賈政　榮國公賈源之孫，賈代善、史太君之次子。賈元春、賈珠、賈寶玉、賈探春、賈環之父。字存周。雖自幼即酷愛讀書，卻屢試不第，終以蔭補入仕，初為主事，薦升員外郎之職。他為人端方正直，謙恭厚道，惟思想僵滯、感情枯竭，是一位悖時迂腐、庸祿無能之輩。

(九)賈珍　寧國公賈演之曾孫，賈敬之子。因賈敬求仙好道，不理世事，爵位遂由他承襲。因無人管束，肆行無忌，終日尋花問柳，恣意取樂。與兒媳秦可卿關係曖昧。可卿自盡，他大事排場，哭得淚人兒一般，甚為不堪。賈敬去世，他居喪在家，不得游頑曠盪，觀優聞樂，便藉口習射，聚集一群鬥雞走狗的世家子弟，浪蕩紈袴，乘機吃喝賣弄，誇富鬥奢，聚眾夜賭。他與妻妹尤氏二姐妹亦有糾葛，甚至尤二姐被賈璉佔有之後，仍「不忘舊情」，百般輕薄。渠所作所為，終「將祖上的功勛丟了」遭革去世爵以後，發往海疆效力。

(十)賈蓉　賈珍之子，生母早亡，尤氏是他的繼母。雖面目清秀，身材俊俏，但行止輕浮，為人處世油滑，是典型的花花公子。

(十一)王夫人　賈政之妻，王子騰之妹，王子騰係薛姨媽之姊，王熙鳳、王仁等人之姑母，為榮國府二房媳婦。素以念佛、吃齋、好靜為重，給人一種寬仁慈厚、惜老憐貧的印象，深得賈母的嘉許與肯定。……

(十二)賈元春　賈政之長女，王夫人所出。妙齡入宮為妃，曾為業已衰微的賈府帶來「烈火烹油，鮮花著錦」的短暫繁盛，但當她奉旨省親，衣錦榮歸之際，卻屢為「默默嘆息」，「滿眼垂淚」之態，並把皇宮深苑稱作「那不得見人的去處」，又說「田舍之家，雖齏鹽布帛，終能聚天倫之樂。今雖富貴已極，骨肉各方，終無意趣。」流露出對深宮禁苑的滿腹幽怨和對樸素自然生活的嚮往。他的榮衰生死牽動賈府整個家族的命運。

作者對書中人物的刻畫可謂各具特色而無絲毫之雷同，如：賈雨村的趨奉深心，薛蟠的粗魯横蠻，劉姥姥的世故湊趣，尤二姐的柔弱委曲，尤三姐的膽識烈性，襲人的陰柔婉媚，晴雯的爽朗剛烈，小紅的伶俐機心，芳官的真率天趣，紫娟的體貼忠誠，香菱的熱心好學，司琪的潑辣執拗，鴛鴦的精明幹練，平兒的委曲兩全，卜世仁的勢利庸俗，門子之心機世故，王善保家眷的借勢生非……紅樓夢的人物形象鮮明，各有神采，自成系列。

賈、史、王、薛家族關係略圖

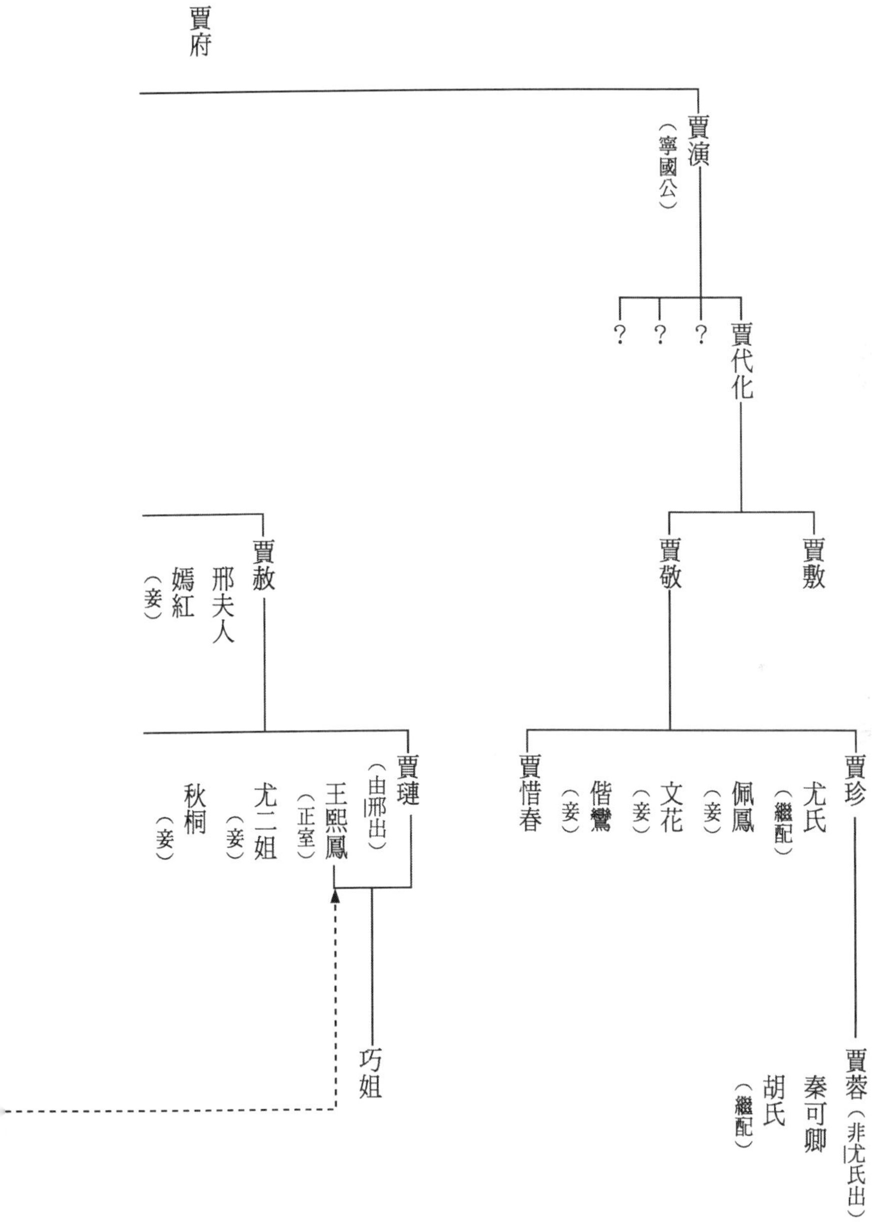
賈府
賈演（寧國公）
？
？
？
賈代化
賈敬
賈敷
賈珍
尤氏（繼配）
佩鳳（妾）
文花（妾）
偕鸞（妾）
賈惜春
賈蓉（非尤氏出）
秦可卿
胡氏（繼配）
賈赦
邢夫人
嫣紅（妾）
賈璉（由邢出）
王熙鳳（正室）
尤二姐（妾）
秋桐（妾）
巧姐

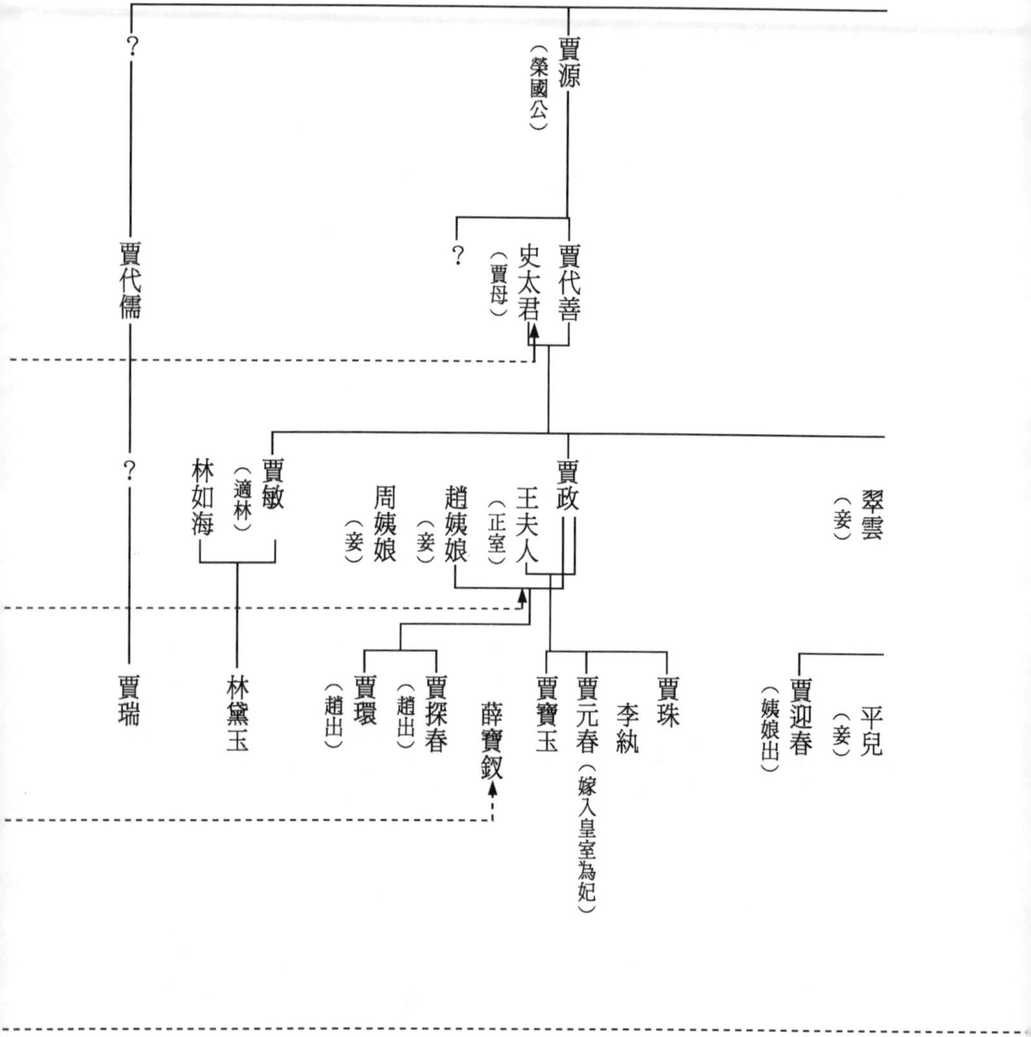
?
賈源（榮國公）
賈代儒
?
賈代善
史太君（賈母）
?
賈敏（適林）
林如海
賈政
王夫人（正室）
趙姨娘（妾）
周姨娘（妾）
翠雲（妾）
賈瑞
林黛玉
賈環（趙出）
賈探春（趙出）
薛寶釵
賈寶玉
賈元春（嫁入皇室為妃）
李紈
賈珠
賈迎春（姨娘出）
平兒（妾）

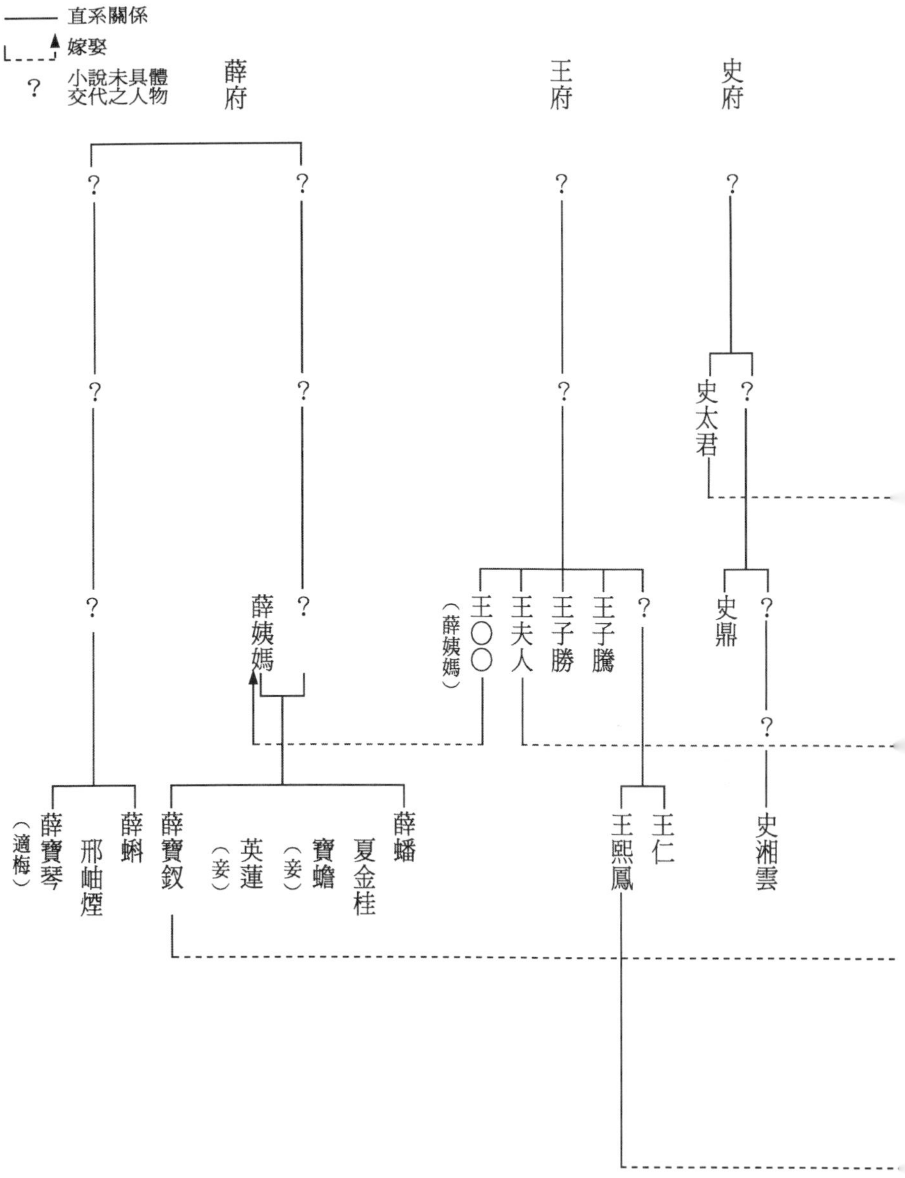
直系關係
嫁娶
? 小說未具體交代之人物
薛府
王府
史府
?
?
?
?
?
?
?
史太君
?
?
薛姨媽
?
王〇〇（薛姨媽）
王夫人
王子勝
王子騰
?
史鼎
?
?
薛寶琴（適梅）
邢岫煙
薛蝌
薛寶釵
英蓮（妾）
寶蟾（妾）
夏金桂
薛蟠
王熙鳳
王仁
史湘雲

四、作者

曹霑（一七二三？—一七六三），一說一七二四？—一七六四？或一七一五？—一七六三⑤。字芹，一字芹圃，號雪芹，又號雪亭、芹溪、夢阮，別署耐冷道人、芹溪居士、空空道人、紅樓夢主、燕市酒徒、高陽酒徒等，漢軍正白旗人。乾隆間貢生（一說舉人）。幼居金陵，雍正六年（一七二八）遷返北京。晚年隱居西郊香山附近。乾隆廿七年壬午除夕，猝亡於家。曹氏世代為內務府包衣。曾祖曹璽、祖曹寅、父曹顒、嗣父曹頫，三代四人為江寧織造，歷六十年之久。少年曹霑因天恩祖德，「錦衣紈袴，飫甘饜肥」（紅樓夢卷首）。渠天資聰明、髫齡早慧，家學淵源，飽覽羣籍。及長，家遭查抄，由是衰落。晚年且至「舉家食粥酒常賒」，（友敦誠贈曹雪芹詩）「賣畫錢來付酒家」（敦敏贈芹圃詩）。傳說：渠「身胖，頭廣而色黑」（裕瑞棗窗隨筆）。為人狂放不羈，個性傲岸卓犖，有阮籍之風。工詩，立意務新，「愛君詩筆有奇氣，直追昌谷⑥披籬樊。」（敦誠寄懷曹雪芹詩）。又善畫，常以畫嶙峋怪石寄托胸中磊落不平之氣。自題畫石詩云：「有志歸完璞，無才去補天。不求邀眾賞，瀟灑做頑仙。」高談雄辯，娓娓令人終日不倦。與之交游著，如：敦誠、敦敏昆仲⑦、墨香、明琳等多為不得志之宗室親貴。移往西郊後，貧困益甚，「四十肅然太瘦生」（敦誠挽曹雪芹詩），猶一以詩畫著述為事，約乾隆十六年（一七五一）間，前八十回業經「批閱十載，增刪五次，纂成目錄，分出章回，則題曰金陵十二釵。並題一絕云：「滿紙荒唐言，一把辛酸淚。都云作者痴，誰解其中味」（脂硯齋重評石頭記甲戌校本

第一回）。作者以其傳神之筆而名垂千秋。渠生前尚著有廢藝齋集稿八種，惜已不全；生平事迹見今人吳恩裕曹雪芹叢考等。

高鶚（約一七三八—約一八一五）。一說約生於乾隆十八年（一七五三）。字蘭墅，別號紅樓外史。漢軍鑲黃旗人。乾隆五十三年舉人，六十年進士，初為內閣中書，累官刑科給事中。渠早年生活放蕩，一度妮某人遺孀畹君，後娶張問陶（一七六四—一八一四）四妹張筠為繼室。鶚熟讀經史，工於制藝；以補續曹雪芹所撰紅樓夢而聞名。張問陶贈高蘭墅鶚同年詩自注云：「傳奇紅樓夢八十回以後，俱蘭墅所補。」乾隆五十六年（一七九一）與程偉元合刊紅樓夢成⑧，自序稱：「予以是書雖稗官野史之流，然尚不謬於名教」「正以波斯奴見寶為幸，遂襄其役。」翌年，又對全書修訂。紅樓夢後四十回，有人以為出於高鶚之筆；間亦有以為渠僅作審讀、刊定⑨。無論如何，渠於百二十回本紅樓夢之通行，確有功焉。鶚善詩詞，與麟慶為忘年交，多有唱酬。詩宗盛唐，以七律見長。遺有吏治輯要（八旗藝文編目著錄）、高蘭墅集（八旗文經著錄）、蘭墅詩鈔（清史稿著錄）、蘭墅文存、蘭墅十藝等稿本。現存月小山房遺稿、硯香詞麓存草。生平事迹詳清史稿卷四八五、清檔案史料叢編第二輯。

附注

①紅樓夢程偉元序。偉元（？—約一八一八）字小泉，江蘇蘇州人，布衣。乾隆末，寓京師。嘉慶間，嘗助盛京將軍晉昌編次且住草堂詩稿，卒於遼東。

②本節各引號—「」內文字，其未敘明出處者，悉出自一二〇回新校本紅樓夢。

③間引自一粟紅樓夢卷卷三、二知道人紅樓夢說夢（嘉慶十七年解紅軒刊）。二知道人，本名蔡家琬（一七六二—一八三六？）

④

項目	數量	備注	項目	數量	備注
活動人物	六〇〇人，其中無姓無名以職銜等稱呼者僅十七人。		禮制用語	一二九則。	
歷史人物	十一人。		儒、釋、道、神、	四四三則。	
徵引與創作詩、詞、文	二二二篇。		古籍書名	廿五種。	
徵引名句諺語、俗語	一六一則。		戲曲用語與劇目	六五則。	
徵引典故	一五四則。		音樂書畫用語	一〇五則。	
摘句	九三則。		風俗	八五則。	
職官名	五一種。		服飾、飲食	二〇八則。	
爵位、內宮妃嬪稱謂	二三種。		生活器用	一八九種。	
官署名	二三種。		建築術語	七八則。	
科舉術語	十八種。		藥材及中醫術語	三二四則。	

*依據馮其庸校本統計之。

⑤其說不一，近人徐恭時曹雪芹傳略謂：單就曹氏出生之年即有十說之多，悉自渠卒年加以推算而得。本文此處，僅舉迄至目前止，較受肯定的三種推算結果。

⑥隱指唐詩人李賀。賀（七九〇—八一六）。元和八年春，辭官歸昌谷閑居。渠才名早著，貞元季年即蜚聲詩壇，與李益齊名，稱二李。樂府乃其所長，昔人評曰：「想像新奇，境界寥廓，冶瑰奇穠麗與幽峭凄清于一爐，獨樹一幟。」五七言絕句，明白曉暢，風格與樂府歌行迴異。新唐書藝文志著錄李賀集五卷，後世刻本較多，以清王琦等三家評注李長吉歌詩較通行；另，全唐詩卷三九〇—三九四收錄李詩五卷，全唐詩補編續補遺補其詩一首（載卷五）。

⑦敦誠（一七三四—一七九一）、敦敏（一七二九—一八〇二）屬親弟兄，為清太祖第十二子英親王阿濟格（一六〇五—一六五一）之五世孫。敏遺有懋齋詩鈔東皋集一卷，誠遺有四松堂集、鷦鷯菴筆麈等十二種。

⑧世稱程甲本、程乙本。

⑨程偉元序既稱：後四十回原稿係經先後自故紙堆中搜羅而得，或重價購諸鼓擔者，據此論述遂有並非出自高鶚之筆一說。

曹氏世系略表

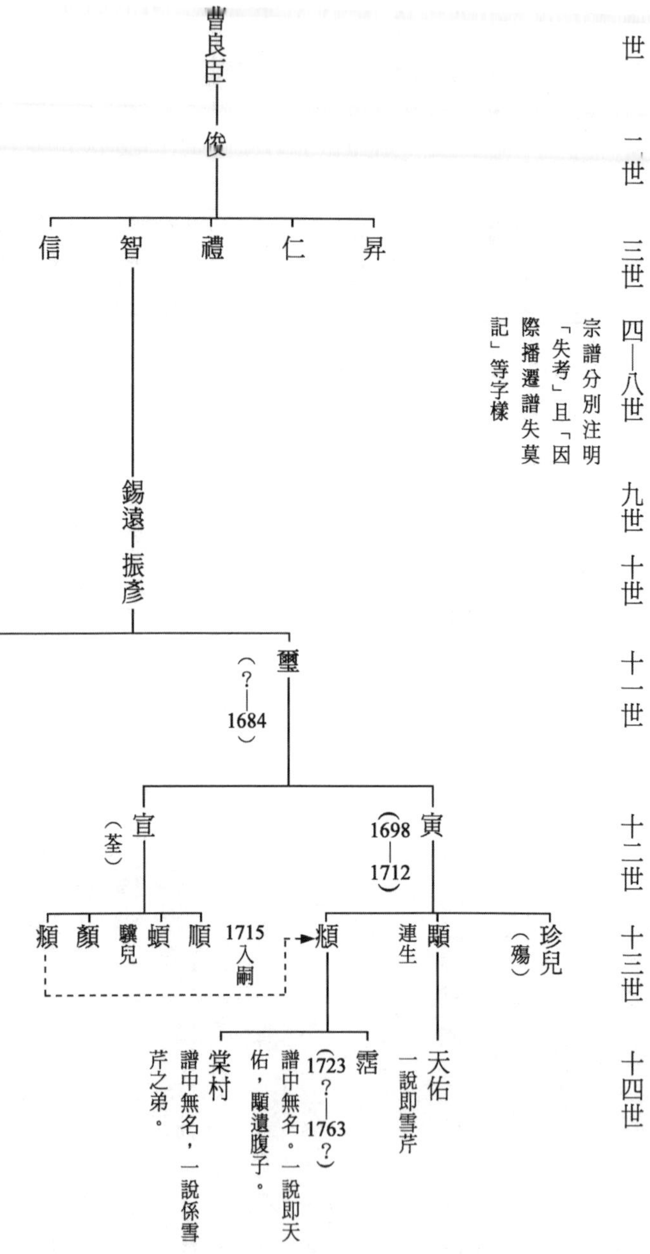

資料來源：五慶堂曹氏宗譜（重修本）
江寧府志

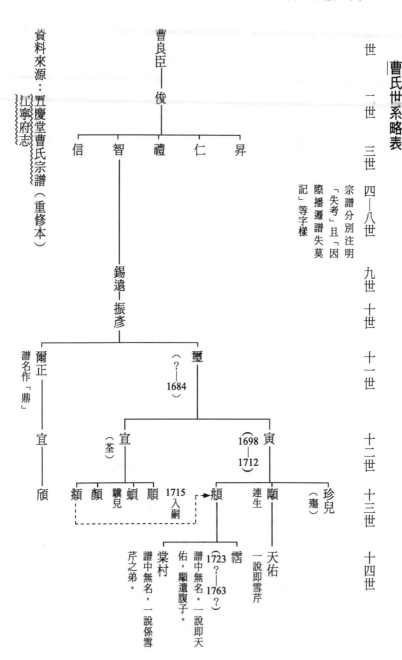

卷二、紅樓夢與用典（之一）

一、女媧氏煉石補天

第一回：「原來女媧氏煉石補天之時，於大荒山無稽崖煉成高經十二丈、方經二十四丈頑石三萬六千五百零一塊。媧皇氏只用了三萬六千五百塊，只單單剩了一塊未用，便棄在此山青埂峰下。」

典出列子湯問：「……然則，天地亦物也。物有不足，故昔者女媧氏練五色石以補其闕，以立四極。」（中華、四部備要本）

淮南子覽冥訓：「往古之時，四極廢，九州裂，天不兼覆，地不周載，……於是，女媧鍊五色石以補蒼天，斷鼇足以立四極，殺黑龍以濟冀州，積蘆灰以止淫水。蒼天補，四極正，淫水涸，冀州平，……。」

補史記三皇本紀：「……天柱折，地維缺，女媧乃鍊五色石以補天，斷鼇足以立四極，聚蘆灰以止淫水、以濟冀州。」貞自注：「按其事出淮南子也。」

女媧，上古神話人物。「風姓，蛇身人首，有神聖之德，代宓犧立，號曰女希氏」[1]。陔餘叢考卷一九煉石補天：「皇甫謐帝王世紀及司馬貞三皇本紀皆謂女媧氏煉石補天，其說本于列子及淮南子，謂女媧煉五色石以補天，語極荒幻，宜乎王充非之也[2]。然，充徒以為天非玉石之類，豈石所能補；且女媧雖長，豈能及天，不能及天，又安有階級可上？此則三尺童子皆能知之，何煩辯駁？須得其訛傳附會之由，乃為駕論耳。陸深以為：古時生民甚樸，茹毛飲血，未能盡火之用。女媧氏煉五色石以通昏黑之變，輔烹飪之宜，所以補天之所不及。後世焚膏繼晷，爝火代明，皆此意也。其說稍近理，然直以為上古未有火，至女媧始取火于石矣。此以之屬燧人氏可也，而何以屬之女媧？況取火何必五色石耶？吾鄉黃芷御進士謂：『五金有青黃赤白黑五色，而皆生于石中。草昧初開，莫能識別，女媧氏始識之，而以火煅燃而出。其後器用、泉貨無一不需于此，實所以補天事之缺，故云煉石補天也。』此論雖創而甚確。」煉同「鍊」，煉、鍊乃同字異體。又，練，煉也、煅煉也。煉、鍊、練三字，古恆混用。

昔時常見典型，得歸納為四類：

一、女媧補天、媧皇補天、女媧煉石、媧皇煉餘石。

二、女媧天、女媧手、媧皇、媧補、媧皇工、待女媧、古皇媧、煉石媧、煉媧、神媧石、太皞妹。

三、補天、補蒼天、練石、煉石補天、天五色、煉成五色、五色瓊瑤、煉石手、補天餘、補天乎、白不補。

四、鼇足如山、帝斬鼇、斷鼇、斷鼇足、正天傾、斷鼇立極、鼇足斷、蘆灰、蘆灰止水、蘆灰縮水。

①唐司馬貞補史記三皇本紀。

②東漢王充論衡談天。

二、詩禮簪纓之族

第一回：「（僧）笑道：『形體倒也是個寶物了！還只沒有實在的好處，須得再鐫上數字，使人一見便知是奇物方妙。然後攜你到那昌明隆盛之邦，詩禮簪纓之族，花柳繁華地，溫柔富貴鄉去安身樂業。』石頭聽了，喜不能禁，……」

詩禮，本指詩經與三禮。多泛指儒家經典言。論語季氏：「陳亢問於伯魚，曰：「子亦有異聞乎？」對曰：『未也。嘗獨立，鯉趨而過庭，曰：學詩乎？對曰：未也。不學詩，無以言！鯉退而學詩。他日又獨立，鯉趨而過庭，曰：學禮乎？對曰：未也。不學禮，無以立！鯉退而學禮。聞斯二者。』」莊子外物：「儒以詩禮發冢。」南宋胡繼宗（？—？）書言故事父母：「子承父教，云詩禮之訓。」簪纓，古官宦者冠飾，昔恆用以喻顯貴。南史王弘傳論：「……及夫休元弟兄並舉棟梁之任，下逮世嗣，無虧文雅之風，其所以簪纓不替，豈徒然也。」南朝梁蕭統（昭明太子，五〇一—五三一）錦帶書十二月啟姑洗三月：「龍門退水，望冠冕以何年？鵠路頹風，想簪纓於幾載？」唐張說（六六七—七三一）灉湖山寺詩：「若使巢由同此意，不將蘿薜易簪纓。」李白（七〇一—七六二）少年行之三：「遮莫姻親連帝城，不如當身自簪纓。」明史儒林傳序：『其他簪纓逢掖，奕葉承恩，亦儒林盛事也。』故事成語考下衣服：「簪纓搢紳，仕宦之稱。」族，親屬也。父、子、孫曰三族，自高祖至玄孫曰九族。又，家曰族。左傳襄公八年：「謀之多族，民之多違，事滋無成。」

詩禮簪纓之族，謂世代讀書且位居顯要之家也。第二回有「書香之族」、「詩禮之家」、「翰墨詩書之家」，其義與「書香世家」同。

三、石兄

第一回：「空空道人遂向石頭說道：『石兄，你這一段故事，據你自己說有些趣味，故編寫在此，意欲問世傳奇。……』」

典出南宋費袞（？—？）梁谿漫志卷六米元章拜石：「米元章守濡須[1]，聞有怪石在河壖[2]，莫知其所自來，人以為異而不敢取。公命移至州治，為燕遊之玩。石至而驚，遽命設席，拜於庭下，曰：『吾欲見石兄二十年矣。』言者以為罪，坐是罷去。其後竹坡周少隱過是郡，見石而感之，為賦詩，其略曰：『喚錢作兄[3]真可憐，喚石作兄無乃賢。望塵雅拜良可笑，米公拜石不同調。』云。」宋史米芾傳：「（芾）所為譎異，時有可傳笑者。無為州治有巨石，狀奇醜，芾見大喜，曰：『此足以當吾拜！』具衣冠拜之，呼之為兄。」楊萬里（一一二七—一二〇六）題李季章中書舍人石林堂詩：「儂與石兄殊不疎，問訊別來安穩無。」查「石兄」又作「石丈」。南宋葉夢得（？—？淳祐間猶健在）石林燕語卷一〇：「米芾詼諧好奇，……知無為軍，初入州廨，見立石頗奇，喜曰：『此足以當我拜。』遂命左右取袍笏拜之，每呼曰：『石丈』。」

榮按：曹雪芹借托通靈石頭，幻形入世，撰成紅樓夢（紅樓夢原稱石頭記。）。脂硯齋批：妙極。是石頭口氣，惜米顛④不遇此石。」（甲戌本第一回）。

①濡須口之簡稱，宋屬無為軍。濡，ㄖㄨˊ。
②河邊（空）地。壖，ㄖㄨㄢˊ。
③錢，昔謔稱孔方兄。
④米芾，字元章；人稱米顛。

四、者也之乎

第一回：「至若佳人才子等書，則又千部共出一套，……。且鬟婢開口即者也之乎，非文即理。」

本作「之乎者也」，上述四字乃古漢語常用語氣助詞。太平廣記卷二六一引唐盧言盧氏雜說李據：「……又判決祗承人：『如此癡頑，豈合喫杖，決五下。』人有語曰：『豈合喫杖，不合決他。』李曰：『公何會，豈是助語，共之乎者也何別？』」北宋文瑩（？—？與蘇舜欽同時之人）湘山野錄卷中：「太祖皇帝將展外城，幸朱雀門，親自規畫，獨趙韓王普時從幸。」上指門額問普曰：『何不祇書朱雀門，須著之字安用？』普對曰：『語助。』太祖笑曰：『之乎者也，助得甚事？』」元馬致遠（一二五〇？—一三二四？）薦福碑第一折：「問黃金誰買長門賦，好个直錢也者也之乎。」通俗編卷卅三語辭之乎者也：「玉泉子：李絳姪擄以門蔭宰澠池。嘗判決祇承人云：『如此癡頑，豈合喫打。』或語其誤，李公曰：『公何不會，豈是助語，共之乎者也何別哉？』普燈錄載：楊傑辭世偈云：『無一可戀，無一可捨；太虛空中，之乎者也。』留青日札載時諺云：『之乎者也矣焉哉，用得成章好秀才。』」按：通俗編將「喫杖」誤植為「喫打」。

五、地陷東南

第一回：「按那石上書云：當日地陷東南，這東南一隅有處曰姑蘇，有城曰閶門者，最是紅塵中一二等富貴風流之地。……」

典出列子湯問：「……其後共工氏與顓頊爭為帝，怒而觸不周之山，折天柱，絕地維。故天傾西北，日月星辰就焉；地不滿東南，故百川水潦歸焉。」西漢劉安（公元前一七九—前一二二）從此說。淮南子天文訓：「昔者，共工與顓頊爭為帝，怒而觸不周之山，天柱折，地維絕，天傾西北，故日月星辰移焉；地不滿東南，故水潦塵埃歸焉。」

六、三生石

第一回：「那僧笑道：『此事說來好笑，竟是千古未聞的罕事。只因西方靈河岸上三生石畔，有絳珠草一株，時有赤瑕宮神瑛侍者，日以甘露灌溉，這絳珠草始得久延歲月。後來既受天地精華，復得雨露滋養，遂得脫卻草胎木質，得換人形，……。』」

典出唐袁郊（？—？約會昌、景福間人。）甘澤謠圓觀：「李諫議源，公卿之子，……惟與（僧）圓觀為忘年交，……如此卅年，二公一旦約游蜀州，抵青城、峨嵋，同訪道求藥。……行次南浦，維舟山下，見婦女數人，錦襠，負甕而汲。圓觀望見，泣下曰：『某不欲至此，恐見其婦人也。』李公驚問曰：『自上峽來，此徒不少，何獨恐此數人？』圓觀曰：『其中孕婦姓王者，是某托身之所，逾三載尚未娩懷，以某未來之故也。今既見矣，即命有所歸，釋氏所謂循環也。』謂公曰：『請假以符咒，遣其速生，少駐行舟，葬某山下。浴兒三日，公當訪臨。若相顧一笑，即某認公也。更後十二年中秋月夜，杭州天竺寺外，與公相見之期。』……李公往，為授朱字符；圓觀具湯沐，新其衣裳。是夕，圓觀亡而孕婦產矣。李公三日往觀新兒，襁褓就明，果致一笑。李公泣下，具告于王，王乃多出家財，葬圓觀。……後十二年秋月，直詣餘杭，赴其所約。……忽聞葛洪川畔有牧豎歌竹枝詞者，乘牛叩角，雙髻短衣。俄至寺前，乃圓觀也。……卻向李公曰：『真信士。與公殊途，慎勿相近。俗緣未盡，但願勤修不墮，即遂相見。』……圓觀又唱竹枝，步步前去。初到寺前，歌曰：『三生石上舊精魂，賞月吟風不要論。慚愧情人遠相訪，此身雖異性常存。』寺前又歌曰：『身前身後事茫茫，欲話因緣恐斷腸。吳越山川遊已遍，卻回煙棹上瞿塘。』」上文亦見於太平廣記卷三八七、唐代叢書帙二三，紺珠集亦節錄。歲時廣記卅三節引，題作游峨嵋。類說節引，題作圓澤與孕婦子。蘇東坡文集卷一三存有圓澤傳一篇；「圓觀」之名，誤作「圓澤」。直齋書錄解題云：「咸通戊子自序，以其春雨澤應，故有甘澤成謠之語，以名其書。」

釋家所謂三世（一作「三生」）即前世（前生、前際）、現世（今生、中際）與來世（來生、後際）。認為今世人有貧富，乃前世所造善惡諸業之結果或報應。今生行為必帶來後世福罪等報應，亦即業感緣起、因果報應也。涅槃經云：「善惡之報，如影隨形，三世因果，循環不失。」華嚴經云：「一切諸報皆從業起，一切諸果皆從因起。」

七、芹意

第一回：「（甄）士隱笑道：『今夜中秋，俗謂團圓之節。想 尊兄旅寄僧房，不無寂寥之感，故特具小酌，邀兄到敝齋一飲，不知可納芹意否？』……」

典出列子楊朱：「里之富室告之曰：『昔人有美戎菽、甘枲莖芹萍子者，對鄉豪稱之。鄉豪取而嘗之，蜇於口、慘於腹，眾哂而怨之，其人大慚。子此類也。』」後人遂以「芹獻」為菲禮之謙詞；芹意表微薄之情意，自亦屬謙詞。秦簡夫（？—？．元末人。）剪髮待賓第二折：「蔬食薄味，簞食壺漿，不堪管待，聊表芹意，望學士休笑咱。」

八、鐘鼎之家

第二回：『原來這林如海之祖，嘗襲過列侯，……至如海，便從科第出身。雖係鐘鼎之家，卻亦是書香之族。』又，冷子興起笑道：「……誰知道這樣鐘鳴鼎食之家，翰墨書香之族，如今的兒孫，竟一代不如一代了。」

「鐘鳴鼎食之家」，省作「鐘鼎之家」，一作「鐘鼎人家」。典出史記貨殖列傳：「洒削，薄技也。而郅氏鼎食……馬醫，淺方，張里擊鍾。」文選東漢張衡（七八—一三九）西京賦：「若夫翁伯、濁質、張里之閣，擊鍾鼎食，連騎相過，東京公侯，壯何能加？」唐王勃（六五〇閣—六七六？）秋日登洪府滕王閣餞別序：「閭閻撲地，鐘鳴鼎食之家；……落霞與孤鶩齊飛，秋水共長天一色。」明李昌祺（一三七六—一四五一）剪燈餘話賈雲華還魂記：「鐘鳴鼎食，宛如向日之繁華。」鐘，樂器，經傳古籍多作「鍾」。鼎，三足雙耳青銅製食具。古，貴族宴饗、祭祀，恆鳴鐘列鼎，排場豪奢，後遂以「鐘鳴鼎食」或「鐘鼎之家」等代稱豪門貴族。

九、膝下（荒涼）

第二回：「今只有嫡妻賈氏，生得一女，乳名黛玉，年方五歲。夫妻無子，故愛如珍寶，……不過假充養子之意，聊解膝下荒涼之嘆。」

膝下荒涼，猶云尚無子嗣。古，父系社會重男輕女，以男性承嗣，子女中，恆將女兒不予計列；前文所謂膝下荒涼，係指渠婦迄未有弄璋之喜也。膝下，典出孝經聖治：「夫聖人之德，又何以加於孝乎？故親生之膝下，以養父母日嚴。」鄭注：「膝下，謂孩幼之時也。」

十、東牀

第二回：「子興嘆道：『老姊妹四個，這一個是極小的，又沒了。長一輩的姊妹，一個也沒了。只看這小一輩的，將來之東牀如何呢？』

東牀，指女壻。世說新語雅量：「郗太傅在京口，遣門生與王丞相書，求女壻。丞相語郗信：『君往東廂，任意選之。』門生歸白郗曰：『王家諸郎亦皆可嘉。聞來覓壻，咸自矜持；唯有一郎在東牀上坦腹臥，如不聞。』郗公曰：『正此好！』訪之，乃是逸少，因嫁女與焉。」晉書王羲之傳：「時太尉郗鑒使門生求女壻於導，導令就東廂徧觀子弟。門生歸，謂鑒曰：『王氏諸少並佳，然聞信至，咸自矜持。惟一人在東牀坦腹食，獨若不聞。』鑒曰：『正此佳壻邪！』

訪之，乃羲之也，遂以女妻之。」此典恆以「東牀」、「東坦」、「東牀之選」、「東牀坦腹」、「東牀客」等形式出現。榮按：「牀」、「床」同字異體，後者為俗字。

十一、夤緣

第三回回目：賈雨村夤緣復舊職，林黛玉拋父進京都。

夤緣，攀援。攀附。文選西晉左思（二五二？—三〇六？）吳都賦：「夤緣山嶽之岊，冪歷江海之流。」劉逵注：「夤緣，布藤上貌。」在此，引申作拉攏關係，阿上鑽營；猶攀附權要，汲汲於名位也。舊唐書令狐楚牛僧孺傳贊：「喬松孤立，蘿蔦夤緣。柔附凌雲，豈曰能賢。嗚呼楚孺，道喪曲全。」宋史神宗紀一：「（治平）四年）秋七月庚辰①，詔察富民與妃嬪家昏因夤緣得官者。」金史石琚傳：「此役不欲煩民，可匠皆給顧直，毋使貪吏夤緣為姦利，以興民怨。」明史潘榮傳：「時萬妃②專寵，羣小夤緣進寶玩，官賞冗濫，故榮等懇言之。」

①是年正月，英宗崩。翌年，改元熙寧。

②即萬貴妃（一四三〇—一四八七）。諸城人。四歲入宮，為孫太后宮女。及長，侍憲宗于東宮。成化二年（一四六六）生皇第一子，遂封貴妃。皇子未期，殤。萬氏自是不復娠。掖廷御幸有身，萬氏輒加戕害，飲藥傷墜者無數。孝宗生母紀妃暴卒，或渠所為。成化二十三年春，暴疾卒。（明史卷一一三）。

十二、賤荊

第三回：「（林）如海道：『天緣湊巧，因賤荊去世，都中家岳母念及小女無人依傍教育，前已遣了男女船隻來接，因小女未曾大痊，故未及行。……』」

西晉皇甫謐（二一五—二七二）列女傳孟光：「後漢梁鴻之妻孟光，肥醜而黑，力舉石臼，德行甚高，擇對不嫁。年三十，父母問其故，曰：『欲節操如梁鴻者。』鴻遂娶之。常荊釵布裙，每進食，舉案齊眉。」唐李翰（？—？開元、貞元間人）蒙求：「馬后大練，孟光荊釵。」初學記卷一〇引南朝宋虞通之馬江斅讓尚公主表：「如臣素流，家貧業寡，年近將冠，皆已有室，荊釵布裙，足得成禮。」太平御覽卷七一八：「列女傳曰：『梁鴻妻孟光荊釵布裙。』」通俗編服飾荊釵布裙：「列女傳梁鴻妻孟光事、宋書江斅讓昏表：『年近將冠，皆已有室，荊釵布裙，足得成禮。』」荊枝為釵，麤布為裙，謂婦女服飾寒素簡陋，因以荊室、荊婦、荊妻、賤荊……為己妻之謙詞，亦有以「老荊」謙稱己妻者。金瓶梅第三〇回：「翟謙道：『不瞞你說，我答應老爺，每日止賤荊一人。』」聊齋志異青鳳：「叟指婦云：『此為老荊。』」

十三、槁木死灰

第四回：「……因此，這李紈雖青春喪偶，居家處膏梁錦繡之中，竟如槁木死灰一般，一概無見無聞，惟知侍親養子，外則陪侍小姑等針黹誦讀而已。」

典出莊子齊物論：「南郭子綦隱机而坐，仰天而噓，答焉似喪其耦。顏成子游立侍乎前，曰：『何居乎？形固可使如槁木，而心固可使如死灰乎？今之隱机者，非昔之隱机者也。』……」槁木，猶云枯木。枯木無氣，死灰無熱。後因以喻意志消沉、毫無生氣。宋元學案卷六八引南宋陳淳（一一五九—一二二三）北溪文集答西蜀史杜諸友云：「在初學者，理未明、識未精，終日兀坐，是乃槁木死灰，其將何用？」亦作「死灰槁木」。東坡集續集卷一二觀妙堂記：「我所居室，汝知之乎？沉寂湛然，無有喧爭，嗒然其中，死灰槁木。」

十四、貧賤之交

第四回：「（賈）雨村笑道：『貧賤之交不可忘。你我故人也；二則此係私室，既欲長談，豈有不坐之理？』……」

此典本作「貧賤之知」。謂窮困卑微時之知交好友。後漢書宋弘傳：「……後弘被引見，帝（按指光武帝）令主（湖陽公主）坐屏風後，因謂弘曰：『諺言：貴易交，富易妻，人情乎？』弘曰：『臣聞貧賤之知不可忘，糟糠之妻不下堂。』帝顧謂主曰：『事不諧矣。』」後一作「貧賤之交」。南齊書劉悛傳：「……後悛從駕登蔣山，上（按：南齊武帝）數歎曰：『貧賤之交不可忘，糟糠之妻不下堂。』顧謂悛曰：『此況卿也。世言富貴好改其素情，吾雖有四海，今日與卿盡布衣之適。』悛起拜謝。」亦省作「貧賤交」。明羅貫中（一三三〇？—一四〇〇）風雲會第三折：「卿道是糟糠妻不下堂，朕須想貧賤交不可忘。」湯顯祖（一五五〇—一六一七）讀延慶樓詩有懷詩：「始知富貴兒，不如貧賤交。」清魏禧（一六二四—一六八一）彭夫人家傳：「諸子有布衣交宦其鄉，諸子皆望之。夫人曰：『吾聞其人非古處者，其或以貧賤交嫌乎？』已而果然。」

十五、鬥鷄走馬

第四回：「……這薛公子學名蟠，表字文龍，五歲上就性情奢侈、言語傲慢。雖也上過學，不過略識幾字，終日惟有鬥鷄走馬，遊山玩水而已。」

鬥鷄、走馬（即賽馬）均為古博戲。漢書宣帝紀：『（宣帝）受詩於東海澓中翁，高材好學，然亦喜遊俠，鬬鷄走馬。』以鷄相鬥之博戲，約興於春秋戰國間之齊魯各地。墨子小取：「且鬬雞，非雞也；好鬬雞，好雞也。」莊子達生：「紀渻子為王養鬬雞」成玄英疏：「為齊王養雞擬鬬也。」戰國策齊策一：「臨淄甚富而實，其民無不吹竽鼓瑟、擊筑彈琴、鬬雞走犬、六博蹹踘者。」至兩漢、魏晉、隋唐尤未衰也。西漢桓寬（？—？，約天漢黃龍間人）鹽鐵論刺權：「臨淵釣魚，放犬走兔，隆豺鼎力，蹋鞠鬬雞。」樂府詩集卷六四鬬雞篇題解：「鄴都故事曰：『魏明帝大和中築鬬雞臺。趙王石虎亦以芥羽漆砂鬬雞於此，故曹植詩云鬬雞。』三國魏曹植（一九二一—二三二）名都篇詩：「鬬雞東郊道，走馬長楸間。」唐陳鴻（？—？，約大曆、開成間人）東城老父傳：「玄宗在藩邸時，樂民間清明鬬雞戲。及即位，治雞坊於兩宮間。索長安雄雞，金毫鐵距、高冠昂尾千數，養於雞坊。選六軍小兒五百人，使馴擾教飼。上之好之，民風尤甚。」（太平廣記卷四八五）。鬥，ㄉㄡˋ。有多體：「鬬」、「鬪」，同字異體。「四六」、「四七」、「鬪」、「四八」、「閗」皆為「鬬」之俗字。清徐灝（一八一〇—一八七九）說文注箋：「今戰鬥字作『鬬』，蓋嫌『鬥』與『門』相溷也。」榮按：「鬥」始見於甲文，象二人手相搏，徒手互搏謂之鬥。「鬬」，初見於小篆，本意作「遇」解（說文），乃兩相接合之意。昔，典籍多假鬬為鬥，鬥字遂罕見用，附誌之。

十六、參商

第五回：「如今且說林黛玉自在榮府以來，賈母萬般憐愛，……便是寶玉和黛玉二人之親密友愛處，亦自較別個不同，日則同行同坐，夜則同息同止，真是言和意順，略無參商。」

參、商，星名，屬二十八星宿。前者在西，後者在東。此出彼沒，恆不相見。因用以喻彼此對立、不和睦也。略無參商謂大體上彼此融洽、未見爭執。參商語出左傳。昭公元年：「昔高辛氏有二子，伯曰閼伯①、季曰實沈。居於曠林，不相能也。日尋干戈，以相征討。后帝不臧，遷閼伯於商丘，主辰，商人是因，故辰為商星。遷實沈於大夏，主參，唐人是因，以服事夏商。」清梁紹任（?—?，嘉慶道光間人）兩般秋雨盦隨筆卷七：「不四九曰參商。按：左傳遷閼伯于商丘，遷實沈于大夏。一主辰星、一主參星。參、辰乃星名；夏、商乃地名也。故法言曰：『吾不睹參辰之相比也。蘇武詩云：『昔為鴛與鴦，今為參與辰。』②後人有用參商者，蓋錯舉之以成文耳。』

①閼，ㄜ。姓。高辛氏子閼伯之後，有此姓。

②西漢蘇軾（?—前六〇）詩四首之一：「骨肉緣枝葉，結交亦相因。四海皆兄弟，誰為行路人？況我連枝樹，與子同一身。昔為鴛與鴦，今為參與辰。昔者長相近，邈若胡與秦。惟念多乖離，恩情日以新。鹿鳴思野草，可以喻嘉賓。我有一尊酒，欲以贈遠人。願子資斟酌，四七此平生親。」（古詩源卷二）

十七、求全之毀，不虞之隙

第五回：「其中，因與黛玉同隨賈母一處坐臥，故略比別個姊妹熟慣些。既熟慣，則更覺親密；既親密，則不免一時有求全之毀，不虞之四八。」

孟子離婁上：「孟子曰：『有不虞之譽，有不全之毀。』」虞，意料所及也。行不足以致譽，而偶得譽，出於意料之外，謂之不虞之譽。毀，責難；詆毀。行無可訾議，而以求全責備之故，仍加以責難，謂之求全之毀。作者據以倒裝、衍化，含義自亦稍有差異也。四八，ㄒㄧ。裂縫；仇怨；紛爭。

十八、藏愚守拙

第八回：「寶玉掀簾一邁步進去，先就看見薛寶釵坐在炕上作針線，……罕言寡語，人謂藏愚；安分隨時，自云守拙。」

藏愚，掩飾己短，不以示人。即不表露己識、本領之謂也。唐劉知幾（六六一—七二一）史通辨識第三十五：「彼史曹者，崇垣峻宇，深附九重。雖地處禁中而人同方外，可以養拙，可以藏愚，……尸祿之淵藪也。」安於愚笨，無意取巧曰守拙。東晉陶潛（三六五—四二七）歸園田居詩之一：「開荒南野際，守拙歸園田。」唐韋應物（七三七？—？）答僩奴重陽二甥詩：「棄職曾守拙，翫幽遂忘喧。」

十九、蟾宮折桂

第九回：「（黛玉）因笑道：『好，這一去，可定是要蟾宮折桂去了。我不能送你了。』」

典出晉書郤詵傳：「武帝於東堂會送，問詵曰：『卿自以為何如？』詵對曰：『臣舉賢良對策，為天下第一，猶桂林之一枝，崑山之片玉。』」相傳：蟾宮（即月宮）有桂樹。唐段成式（？—八六三）酉陽雜俎天咫：「舊言月中有桂，有蟾蜍。故異書言，月桂高五百丈，下有一人常斫之，樹創隨合。人姓吳名剛，西河人，學仙有過，謫令伐樹。」唐以來，牽合兩事，遂以

「蟾宮折桂」謂科舉應試及第。南宋葉夢得（一〇七七—一一四八）避暑錄話卷下：「世以登科為折桂，此謂郤詵對策東堂，自云：『桂林一枝也。』自唐以來用之。」唐白居易（七七二—八四六）和春深詩之十：「折桂名慚郄，收螢志慕車。」溫庭筠（八一二—八七〇）春日將欲東歸寄新及第苗紳先輩詩：「猶喜故人先折桂，自憐羈客尚飄蓬。」榮按：郄，同「郤」，指郤詵。車，車胤。元施惠（？—？，杭州人）幽閨記士女隨遷：「鎮朝經暮史，寐晚興夙，擬蟾宮折桂之梯步。」「蟾宮折桂」，亦作「蟾宮扳桂」。明謝讜（一五一二—？）四喜記鄉薦榮歡：「蟾宮扳桂折高枝，書香還有繼，天道豈無知。」

二〇、龍陽之興

第九回：「原來薛蟠自來王夫人處住後，便知有一家學，學中廣有青年子弟，不免偶動了龍陽之興，因此也假來上學讀書，不過是三日打魚，兩日晒網，……只圖結交些契弟。」

龍陽君，戰國魏安釐王（圉）王之男寵，封於龍陽，後多用以代指男色。龍陽之興，謂性欲倒錯行為，即今所稱同性戀（Homosexuality）。典出戰國策魏策四：「魏王與龍陽君共船而釣，龍陽君得十餘魚而涕下。王曰：『有所不安乎？如是，何不相告也？』對曰：『臣無敢不安也。』王曰：『然則何為出涕？』曰：『臣為王之所得魚也。』王曰：『何謂也？』對曰：『臣之始得魚也，臣甚喜，後得又益大。今臣直欲棄臣前之所得矣。今以臣凶惡，而得為王拂枕席。

今臣爵至人君，走人於庭，辟人於途。四海之內，美人亦甚多矣，聞臣之得幸於王也，必褰裳而趨王。臣亦猶曩臣之前所得之魚也，臣亦將棄矣，臣安能無涕出乎？』魏王曰：『誤有是心也，何不相告也。』於是，布令於四境之內，曰：『有敢言美人者，族。』」榮按：史記魏世家本文作安釐王（在位卅四年，公元前二七六至前二四三）。索隱云：「系本作安僖王。」附誌之。

二一、週而復始

第十三回：「秦氏冷笑道：『嬸子好痴也。否極泰來，榮辱自古周而復始，豈人力能可保常的。』……」

周而復始，謂循環往復。典出文子自然：「十二月運行，周而復始。」一作「終而復始」。管子形勢解：「天覆萬物，制寒暑，行日月，次星辰，天之常也，治之以理，終而復始。」漢書禮樂志二：「精建日月，星辰度理，陰陽五行，周而復始。」南宋趙與時（一一七五—一二三一）賓退錄卷一：「若雲仙散錄則余家有之，凡三百六十事，而援引書百餘種，每一書皆錄一事，周而復始，如是者三。」

一二、垂青目

第十五回：「水溶又道：『……若令郎在家難以用功，不妨常到寒第。小王雖不才，卻多蒙海上眾名士凡至都者，未有不另垂青目，是以寒第高人頗聚。令郎常去談會談會，則學問可以日進矣。』又，第六三回：「岫烟笑道：『他也未必真心重我，但我和他做過十年的鄰居，只一墻之隔。……如今又天緣湊合，我們得遇，舊情竟未易。承他青目，更勝當日。』

吾人眼珠呈黑色，古恆謂青眼、青目。以正眼注視，目呈黑色，故稱垂青目，省作「垂青」。「垂青目」、「垂青」、「青眼」、「青目」皆屬同義用詞。目平視（即正視）則見黑眼珠；上視則見白眼珠，此之謂青白眼也。世說新語簡傲：「嵇康與呂安善。」劉孝標注引晉百官名云：「嵇喜字公穆，歷揚州刺史，康兄也。阮籍遭喪，往弔之。籍能為青白眼，見凡俗之士，以白眼對之。及喜往，籍不哭，見其白眼，喜不懌而退。康聞之，乃齎酒挾琴而造之，遂相與善。」晉書阮籍傳：「……籍又能為青白眼，見禮俗之士，以白眼對之。及嵇喜來弔，籍作白眼，喜不懌而退。喜弟康聞之，乃齎酒挾琴造焉，籍大悅，乃見青眼。」

一三、舜巡

第十六回，「鳳姐笑道：『……說起當年太祖皇帝仿舜巡的故事，比一部書還熱鬧，我偏沒造化趕上。』」

典出史記五帝本紀：「堯老，使舜攝行天子政。……年六十一，代堯踐帝位。踐帝位三十九年，南巡狩，崩於蒼梧之野。」後遂稱天子巡行曰舜巡。引文所稱太祖皇帝隱指清聖祖言。康熙在位期間，先後六度南巡。

二四、易簀

第十六回：「此時，秦鐘已發過兩三次昏了，移牀易簀多時矣。寶玉一見，便不禁失聲。」

典出禮記檀弓上：「曾子寢疾，病。樂正子春坐於牀下，曾元、曾申坐於足，童子隅坐而執燭。童子曰：『華而睆①，大夫之簀與？』……曾子曰：『然。斯季孫之賜也，我未之能易也。元！起易簀。』」席曰簀。編草、葦、竹等而成。依古禮制：簀僅適用于大夫。曾子未曾為大夫，於禮不當用，故臨終前，囑其子元為之更換。後遂稱人病重將逝曰易簀。周書宇文廣傳：「……可斟酌前典，率由舊章。使易簀之言，得中遺志；黜殯之請，無虧令終。」唐柳宗元（七七三—八一九）唐故衡州刺史東平呂君誄：「稟不餘食，藏無積帛，……恆是懸罄，逮茲易簀。」李邃（?—?，晚唐之人）盧夫人崔氏墓志銘：「……以咸通六年乙酉歲十二月六日奄鐘易簀之歎於東都集賢里第。」北宋文瑩（?—?，與蘇舜欽同時人）玉壺清話卷三：「公②生於洛中祖第正寢，至易簀，亦在其寢。」

①既有文采又有光澤。華，ㄏㄨㄚˋ。美觀有文采。睆，ㄏㄨㄢˇ。光澤貌。

②呂蒙正（九四四—一〇一一）字聖功，北宋河南（今洛陽）人。

二五、胸中大有丘壑

第十七回：「眾人道：『極是。非胸中大有丘壑，焉想及此。』說畢，往前一望，見白石峻嶒，或如鬼怪，或如猛獸，縱橫拱立，……」

典出晉陽秋（輯本）卷三：「（王）敦將還武昌。謝鯤勸敦朝天子，不從。鯤隨王敦下，入朝。見太子于東宮，語及夕，太子從容問鯤曰：『論者以君方庾亮，自謂孰愈。』對曰：『宗廟之美，百官之富，臣不如亮；縱意邱壑，自謂過之。』」世說新語巧藝：「顧長康畫謝幼輿在巖石裏，人問其所以。顧曰：『謝云：一丘一壑，自謂過之。此子宜置丘壑中。』」晉書謝鯤傳：「謝鯤字幼輿，……嘗使至都，明帝在東宮見之，甚相親重。問曰：『論者以君方庾亮，自謂何如？』答曰：『端委廟堂，使百僚準則，鯤不如亮。一丘一壑，自謂過之。』」小山曰丘，山谷為壑，幼輿以一丘一壑自詡學識宏富，胸藏萬物也。顧愷之（三四六？—四〇七？）字長康、小字虎頭，博學有才氣，尤善繪事。人稱渠有三絕：才絕、畫絕、癡絕。所著文集、啟矇記行世，惜皆不傳。晉書有傳。

二六、有鳳來儀

第十七回：「……寶玉道：『這太板腐了。莫若有鳳來儀四字。』眾人都哄然叫妙。」

典出書益稷：「簫韶九成，鳳凰來儀。」傳：「儀，有容儀。」大意謂舜所製簫韶演奏九章，鳳凰紛鳴且展翅起舞。鳳凰，上古傳說中之瑞禽，為后妃之象徵。

二七、管窺蠡測

第十七回：「……賈政點頭道：『畜生！畜生！可謂管窺蠡測矣。』因命：『再題一聯來。』」

典出西漢東方朔（前一五四？—前九三？）答客難：「語曰：『以筦闚天，以蠡測海，以莛撞鐘』，豈能通其條貫，考其文理，發其音聲哉！」（漢書卷六五東方朔傳。又，文選設論東方曼倩答客難）筦，ㄍㄨㄢˇ。本作「管」。「闚」、「窺」，同字異體。管窺蠡測喻眼界狹小，見識短淺。明張綸（一四五四—一五二三）林泉隨筆：「一耳目之管窺蠡測，又焉得偏觀而盡識也。」清袁枚（一七一六—一七九七）隨園詩話卷一四：「凡人全集，各有精神，必通觀之，方可定去取，倘捃摭一二，並非其人應選之詩，管窺蠡測，一病也。」

二八、杏花村

第十七回：「眾人道：『方才世兄有云：編新不如述舊，此處古人已道盡矣，莫若直書杏花村妙極。』……」

唐杜牧（八〇三—八五二）清明詩：「清明時節雨紛紛，路上行人欲斷魂；借用酒家何處有，牧童遙指杏花村。」榮按：上引詩刊於南宋謝枋得（一二二六—一二八九）所輯千家詩卷三。今本樊川集並未載此首七絕；惟明謝榛（一四九五—一五七五）於所撰四溟詩話卷一亦引述該清明詩，附誌之。杏花村，地名。因村多杏花，故稱。經考證，應有二處：（一）在今安徽省貴池舊城城西，以產酒著名。南宋淳熙本文選尤袤（一一二七—一一九四）序云：「貴池在蕭梁時，實為昭明太子封邑，……。」（二）在今山西省汾陽縣東，據傳自南北朝以來，即以產汾酒著名。近人謝覺哉（一八八四—一九七一）遊杏花村竟日雨留題詩：「逢人便說杏花村，汾酒名牌天下聞。」

二九、武陵源、秦人舊舍

第十七回：「……轉過山坡，穿花度柳，撫石依泉，過了荼蘼架，再入木香棚，……盤旋曲折。忽聞水聲潺潺，瀉出石洞，上則蘿薜倒垂，下則落花浮蕩。眾人都道：『好景！好景！』賈政道：『諸公題以何名？』眾人道：『……，恰恰乎是武陵源三個字。』……『不然就用秦人舊舍四字也罷了。』……。」

典出東晉陶潛（三六五—四二七）桃花源記：「晉太元中，武陵人捕魚為業。緣溪行，忘路之遠近。忽逢桃花林，夾岸數百步，中無雜樹，芳草鮮美，落英繽紛。復前行，……土地平曠，屋舍儼然。有良田美池桑竹之屬。阡陌交通，鷄犬相聞。其中往來種作，男女衣著，悉如外人。……自云先世避秦時亂，率妻子邑人來此絕境，不復出焉，遂與外人間隔。問今是何世，乃不知有漢，無論魏晉。……」北宋王安石（一〇二一—一〇八六）即事詩：「歸來向人說，疑是武陵源。」武陵，郡名。秦昭襄王三十年（公元前二七七年、甲申）蜀守張若攻楚，取巫郡（今四川巫山北）及江南地；白起定巫與黔中，遂置黔中郡，治所武陵。西漢高祖割黔中故治為武陵郡，明清時為常德府，今屬湖南常德市。武陵源，即桃花源。「秦人舊舍」衍生自「武陵源」。

三〇、蓼汀花五九

第十七回：「（賈）寶玉道：『這越發過露了。秦人舊舍說避亂之意，如何使得？莫若蓼汀花漵四字。』……」

蓼，ㄌㄧㄠˇ。水草名。汀，ㄊㄧㄥ。小洲。「五七」，又作「漵」、「五八」。ㄒㄩˋ。水邊。唐羅鄴（？—？．咸通間猶在世）雁詩之一：「暮天新雁起汀洲，紅蓼花開水國愁；想得故園今夜月，幾人相憶在江樓。」（全唐詩卷六五四）作者構思靈感或得自上引詩首二句。

卷三、紅樓夢與用典（之二）

三一、李太白鳳凰臺之作，全套黃鶴樓

第十七回：「眾客道：『李太白鳳凰臺之作，全套黃鶴樓，只要套得妙。……』」

因襲、模仿既有形式曰套。崔顥（？—七五四）登黃鶴樓弔古兼懷鄉，渠所題七絕即以黃鶴樓稱之。云：「昔人已乘黃鶴去，此地空餘黃鶴樓。黃鶴一去不復返，白雲千載空悠悠。晴川歷歷漢陽樹，芳草萋萋鸚鵡洲。日暮鄉關何處是？煙波江上使人愁。」李白（七〇一—七六二）過武昌，見崔詩，歎服良久，曰：「眼前有景道不得，崔顥題詩在上頭。」遂不復作，去而賦登金陵鳳凰臺：「鳳凰臺上鳳凰遊，鳳去臺空江自流。吳宮花草埋幽境，晉代衣冠成古邱。三山半落青天外，二水中分白鷺洲。總為浮雲能蔽日，長安不見使人愁。」方回（一二二七—一三〇七，宋末元初人）瀛奎律髓：「太白此詩與崔顥黃鶴樓相似，格律氣勢，未易甲乙。」清李調元（一七三四—一八〇二）雨村詩話：「李白與崔顥皆盛唐人，其詩風氣相似。」昔，僧某借崔李故實作一偈云：「一拳捶碎黃鶴樓，一腳踢翻鸚鵡洲。眼前有景道不得，崔顥題詩在上頭。」又一遊僧綴句曰：「一拳捶碎黃鶴樓，一腳踢翻鸚鵡洲。有意氣時消意氣，不風流處也風流。」

三二、朝乾夕惕

第十八回：「賈政亦含淚啟道：『……惟朝乾夕惕，忠於厥職外，……乃天下蒼生之同幸也。……』」

猶云終日勤奮謹慎，不稍懈怠也。語本易乾：「君子終日乾乾，夕惕若厲，无咎。」後人用易意而更其詞為朝乾夕惕。清王夫之（一六一九—一六九二）張子正蒙注樂器：「不執一，則存省愈嚴，陟降一心，德業一致，此朝乾夕惕，存神盡性之密用，作聖之功，於斯至矣。」清史稿年羹堯傳：「（雍正三年）二月庚午，日月合璧，五星聯珠，羹堯疏賀，用『夕惕朝乾』語，上怒，責羹堯有意倒置，諭曰：『羹堯不以朝乾夕惕許朕，則羹堯青海之功，亦在朕許不許之間而未定也。』」榮按：年羹堯才氣凌厲，恃上眷遇，驕縱成習，史有定評也。

三三、趙錢孫李

第十八回：「薛寶釵見問，悄悄的咂嘴點頭笑道：『虧你今夜不過如此，將來金殿對策，你大約連趙錢孫李都忘了呢……』」

此處，寶釵借「趙錢孫李」四字暗諷寶玉一旦應試，恐怕連最普通、最起碼的知識（常識）都復憶不得。百家姓，五代北宋間所編啟蒙教本，集主要姓氏為四言韻語，全書一一八句、四七二字，其首句——「趙錢孫李」。南宋王明清（？—？，建炎、嘉泰間人）玉照新志卷三：「……如市井間所印百家姓，明清嘗詳考之，似是兩浙錢氏有國時，小民所著。何者其首云「趙錢孫李」，蓋趙乃本朝國姓，錢氏奉正朔①，所以「錢」次之，「孫」乃忠懿②之正妃。又其次則南唐李氏。次云句「周吳鄭王」，皆武肅③而下嬪妃，無可疑者。」清翟顥（？—一七八八）通俗編文學引王說；惟文字稍異。

①指吳越奉趙宋正朔言

②錢俶（九二九—九八八）。五代吳越國主，公元九四八至九七八在位。文穆王錢元瓘第九子，字文德，本名宏俶。兄倧被廢後繼立，後漢封為吳越國王。事中原至勤，進貢不絕。在位期間蠲免賦稅，募民墾田，由是境內無棄土、農業發達。後周攻淮南，渠盡括民丁助之。趙宋立國，渠傾加奉獻。宋平南唐，出兵策應。太平興國三年（九七八）納土歸宋，封淮海國王，遷居汴梁，吳越亡。累封為鄧王，卒謚忠懿。（宋史卷四八〇）

③錢鏐（八五二—九三二）。杭州臨安人。字具美，一作巨美，小字婆留。唐末從董昌防禦黃巢，景福元年（八九二）遷武勝軍防禦使，再遷鎮海軍防禦使、潤州刺史。乾寧二年（八九六）殺董昌兼併越州（治今浙江紹興），任鎮海、鎮東節度使。五年移治杭州，統治兩浙。開平元年（九〇七）後梁封為吳越王。貞明五年（九一九）與吳和解，形勢得以穩定。在位期間儀衛名稱如天子之制，惟對中原皆稱臣納貢。對內重視農桑，興修水利，築捍海石塘，修整西湖、太湖、鑒湖等灌溉工程，並獎勵通商，開拓海運、發展貿易，卒於杭州，卒謚武肅王。

（新五代史卷六七、十國春秋卷七七）。

五代吳越世系

①武肅王錢鏐 907—932 (26) —— ②文穆王元瓘 932—941 (10)

- ③忠獻王宏佐 941—947 (7)
- ④忠遜王倧 947
- ⑤忠懿王俶 948—978 (31)

三四、一字師

第十八回：「……（寶玉）笑道：『該死！該死！現成眼前之物偏倒想不起來了，真可謂一字師了。從此（以）後，我只叫你師父，再不叫姊姊了。』……」

本作一字之師，省詞多作「一字師」。謂雖僅訂正一字，亦應尊之為師也。唐陳纂（？—？）葆光錄卷一：「建州李頻與方處士為吟友①。頻有題四皓廟詩，自言奇絕。云：『東西南北人，高跡此相親。天下已歸漢，山中猶避秦。龍樓曾作客，鶴氅不為臣。獨有千年後，青青廟木春。』示於干。（干）笑而言：『善則善矣；然內有二字未穩。作字太粗而難換，為字甚不當。干聞率土之濱，莫非王臣②，請改作稱字。』頻降伏而且大慙，悔前言之失，乃曰：『聖人以字褒貶，此其明矣。』遂拜為一字之師。」王定保（八七〇—九四一？）唐摭言切磋五代：「大居守李相讀春秋，至叔孫婼，誤敕略反為敕畧反。有小吏侍側，因委曲言。李公大慙，號為一字師。」北宋陶岳（？—？，雍熙間進士）五代史補卷三：「僧齊己長沙人。……遂勸令出家。時，鄭谷在袁州③，齊己因攜所撰詩往謁焉。有早梅詩曰：『前村深雪裏，昨夜數枝開。』谷笑謂曰：『數枝非早，不若一枝則佳。』齊己矍然。不覺兼三衣叩地膜拜。自是，士林以谷為齊己一字之師。」南宋羅大經（？—？，約紹熙、德祐間人）鶴林玉露于寶：「楊誠齋④在館中，與同舍談及晉于寶。一吏進曰：『乃干寶⑤，非于也。』問何以知之，吏取韻書以呈，干字下注云：『晉有干寶。』誠齋大喜曰：『汝乃吾一字之師。』」

①李頻（？—八七六）、方干（八〇九—八八八？）同為睦州人（今屬浙江省）。新唐書卷二〇三：「李頻字德新，……少秀悟……多所記覽。其屬辭，於詩尤長。與里人方干善。……大中八年，擢進士第，……表丐建州刺史。」

②詩小雅北山。

③齊己，多誤作齊已，四庫全書文淵閣本訛繕故。己（八六四—九四三？），本姓胡，名得主，幼孤貧，遂剃度為僧，其詩趣尚孤潔，詞韻清潤、平淡而意遠。亦精行草，筆迹灑落，為晚唐五代聞名詩僧，全唐詩編其詩為十卷；生平事迹詳贊寧宋高僧傳卷三〇等。鄭谷（八五一？—？）字守愚，袁州宜春（今江西宜春）人。光啟三年（八八七）登進士第。渠工詩，擅

五七言近體，名列咸通十哲，全唐詩編其詩為四卷，新唐書藝文志著錄其事迹。

④楊萬里（一一二七—一二〇六）字廷秀，吉州吉水（今屬江西）人。紹興二十四年（一一五四）進士。張浚謫居永州時，勉渠以正心誠意之學，遂名書室曰誠齋，世稱誠齋先生。宋史有傳。

⑤（？—三三六）兩晉史學家、小說家。字令升，新蔡（屬河南）人。撰搜神記三〇卷，原著於宋代散佚，今本二〇卷，係明胡應麟所輯集。干文仍存九篇，輯於全上古三代秦漢三國六朝文。晉書有傳。

三五、花解語

第十九回回目：「情切切良宵花解語，意綿綿靜日玉生香。」五代王仁裕（八八〇—九五六）開元天寶遺事解語花：「明皇秋八月，太液池有千葉白蓮數枝盛開。帝與貴戚宴賞焉。左右皆歡羨久之。帝指（楊）貴妃示於左右，曰：『爭如我解語花。』」（卷下）。作者曹雪芹運用「解語花」典故，喻襲人曲體賈寶玉之心意，婉言規諫；且隱切襲人姓氏。榮按：襲人，姓花，本名珍珠，先為賈母侍婢，賈母愛其心地喜良，守分盡責，遂遣渠為寶玉貼身丫鬟。寶玉因見舊詩句「獨有南山桂花發，飛來飛去襲人裾」（榮按：盧照鄰長安古意），遂稟明賈母，易其名襲人。又，西廂記等一本第二折唱詞有「嬌羞花解語，溫柔玉有香」亦或為上引回目之所本。

三六，祿蠹

第十九回：「襲人道：「……而且背前背後亂說那些混話，凡讀書上進的人，你就起個名字叫作祿蠹；又說……。」」

韓非子五蠹：「是故亂國之俗：其學者，……。其言談者，……。其帶劍者，……。其患御者，……。其商工之民，。此五者，邦之蠹也。人主不除此五蠹之民，不養耿介之士，則海內雖有破亡之國，削滅之朝，亦勿怪矣。」按：學者，指儒而言。言談者，即縱橫家。帶劍者，游俠、刺客之徒。患御者，逃避兵役之民。商工之民，特指屯積居奇、製售劣品，以牟不當利益者。蠹，ㄉㄨˋ。內生之蟲；今語通稱蛀蟲。俸曰祿。周禮天官：「以八柄詔王馭羣臣，二曰祿。」又，史記孔子世家：「衛靈公問孔子：『居魯得祿幾何？』對曰：『奉粟六萬。』」祿蠹，諷刺熱衷功名利祿的讀書人。

三七、一目十行

第二十三回：「林黛玉笑道：『你說你會過目成誦，難道我就不能一目十行麼？』」

一目十行，謂一眼能看遍十行的文字，用以形容閱讀的速度非常地快。語本梁書簡文帝紀：「太宗幼而敏睿……既長，器宇寬弘，未嘗見慍喜。……讀書十行俱下。」又，北齊書河南康舒王孝瑜傳：「（高）孝瑜容貌魁偉，精彩雄毅，謙慎寬厚，兼愛文學，讀書敏速，十行俱下，覆棊不失一道。」南宋劉克莊（一一八七—一二六九）後村集卷四四雜記六言五首詩之二：「五更三點待漏，一目十行讀書。」另，「一目五行（見遼史楊遵勗傳、元史許有任傳）、「一目數行」（清鈕琇，？—一七〇四。觚賸續編英豪舉動），義皆與「一目十行」近似，附誌之。

三八、鳳尾森森，龍吟細細

第二十六回：「說著，順著腳一逕來至一個院門前，只見鳳尾森森，龍吟細細，舉目望門上一看，只見匾上寫著『瀟湘館』三字。寶玉信步走入，只見湘簾垂地，悄無人聲。」

「鳳尾……細細」謂：陣陣和風，吹拂著既繁又密的竹叢，頻頻傳來似龍鳴般深沉、細碎的笛聲，十分悅耳。典出南宋方士繇（一一四八—一一九九）班竹詩：「鳳尾森森半已舒，玳紋滴瀝畫誰如。」（全宋詩卷二六五四）、南朝梁劉孝先（？—五五四？）詠竹詩：「誰能製長笛，當為作龍吟。」鳳尾竹，稈叢生，枝細而柔軟，葉密生，搖搖似鳳尾，故名。元李衎（一二四五—一三六〇）竹譜詳錄鳳尾竹：「鳳尾竹，生江西。一如筀竹，但下邊枝葉稀少，至梢則繁茂，搖搖如鳳尾，故得此名。」亦泛指竹。北宋仲殊（？—？，崇寧中自縊）玉樓春詞：「黃梅雨入芭蕉晚，鳳尾翠搖雙葉短。」森森，繁密貌。文選西晉陸機（二六一—三〇三）文賦：「播芳蕤之馥馥，發青條之森森。」龍吟，龍鳴。易乾：「雲從龍。」孔穎達疏：「龍是水畜，雲是小氣，故龍吟則景雲出。」後多用以狀簫笛類管樂器之聲或形容聲音響亮或形容聲音深沉、細碎。唐李白（七〇一—七六二）宮中行樂詞之三：「笛奏龍吟水，簫鳴鳳下空。」元郭鈺（一三一六—？）和袁方茂才秋夜宴集：「月明湖水龍吟細，雲度吳山雁列稀。」明劉基（一三一一—一三七五）題石末元帥扇上有陳大初畫松詩：「永夜高風吹萬籟，商聲滿地作龍吟。」細細，狀深沉、輕微、細碎等況。唐杜甫（七一二—七七〇）宣政殿退朝晚出左掖詩：「宮草微微承委珮，爐煙細細駐遊絲。」

三九、金蟬脫殼

第二十七回：「（寶釵）想道『……今兒我聽了他的短兒，一時人急造反，狗急跳牆，不但生事，而且我還沒趣。如今便趕著躲了，料也躲不及，少不得要使個金蟬脫殼的法子。』……」

「金蟬脫殼」，一作「金蟬脫殻」。殼，讀作ㄑㄠˋ。亦稱金蟬計。喻趁暫時未被對方察覺，製造或運用假象，乘機逃脫、遠遁。古語有「三十六計」語，三十六本係虛數，極言多也。其後好事者附會，取成語、熟語，立為名目，湊足三十六實數。近人鄧拓（一九一二—一九六六）燕山夜話三十六計：「古人所謂三十六計，原來並沒有詳細的內容，只是借太陰六六之數，表示陰謀詭計多端而已。」三十六計，原稱三十六策（南齊書王敬則傳），北宋前後，又作三十六計（惠洪冷齋夜語卷九）。依序為㈠、瞞天過海，㈡、圍魏救趙，㈢、借刀殺人，㈣、以逸待勞，㈤、趁火打劫，㈥、聲東擊西，㈦、無中生有，㈧、暗渡陳倉，㈨、隔岸觀火，㈩、笑裏藏刀，⑴、李代桃僵，⑵、順手牽羊，⒀、打草驚蛇，⒁、借屍還魂，⒂、調虎離山，⒃、欲擒先縱，⒄、拋磚引玉，⒅、擒賊擒王，⒆、釜底抽薪，⒇、混水摸魚，㉑、金蟬脫殼，㉒、關門捉賊，㉓、遠交近攻，㉔、假道伐虢，㉕、偷樑換柱，㉖、指桑罵槐，㉗、假癡不顛，㉘、上屋抽梯，㉙、樹上開花，㉚反客為主，㉛、美人計，㉜、空城計，㉝、反間計，㉞、苦肉計，㉟、連環計，㊱、走為上計。

四〇、負荊請罪

第三十回：「寶玉便笑道：『姊姊通今博古，色色都知道，怎麼這一齣戲的名字也不知道，就說了這麼一串子。這叫負荊請罪。』寶釵笑道：『原來這叫作負荊請罪！你們通今博古，才知道負荊請罪，我不知道什麼是負荊請罪！』……」

史記廉頗藺相如列傳：「廉頗者，趙之良將也。……伐齊，大破之，取晉陽，拜為上卿，以勇氣聞於諸侯。藺相如者，趙人也。為趙宦者令繆賢舍人。趙惠文王時，得楚和氏璧。秦昭王聞之，使人遺趙王書，願以十五城請易璧。……相如曰：『王必無人。臣願奉璧往使。城入趙而璧留秦；城不入，臣請完璧歸趙。』……相如度秦王雖齋，決負約，不償城。乃使其從者衣褐，懷其璧從徑道亡，歸璧于趙。……相如既歸，趙王以為賢大夫，使不辱於諸候，拜相如為上大夫。……以相如功大，拜為上卿，位在廉頗之右。廉頗曰：『我為趙將，有攻城野戰之大功；而藺相如徒以口舌為勞而位居我上，……』……相如曰：『……顧吾念之：彊秦之所以不敢加兵於趙者，徒以吾兩人在也！今兩虎共鬭，其勢不能俱生；吾所以為此者，以先國家之急而後私讎也。』廉頗聞之，肉袒負荊，因賓客至藺相如門謝罪。曰：『鄙賤之人，不知將軍寬大之至此也。』卒相與驩，為刎頸之交。」（卷八一）

四一、東施笑顰

第三十回：「（寶玉）因又自嘆道：『若真也葬花，可謂東施效顰，不但不為新特，且更可厭」。』想畢，便要叫那女子，說：『你不用跟著那林姑娘學了。』話未出口，……」

典源：莊子天運：「觀古今異，猶猨狙之異周公也。故西施病心而矉其里，其里之醜人見而美之，歸亦捧心而矉其里。其里之富人見之，堅閉門而不出；貧人見之，絜妻子而去之走。」成玄英疏：「西施，越之美女也，貌極妍麗。既病心痛，嚬眉苦之。而端正之人，體多宜便，因其嚬蹙，更益其美。是以閭里見之，彌加愛重。鄰里醜人見而學之，不病強嚬，倍增其醜。」後恒用東施效顰以嘲諷不顧本身條件，而一味模仿，以致反效果也。間亦作模仿他人之謙詞。此處引文，從前解。「矉」、「顰」、「嚬」，同字異體，謂蹙眉。

四二、雙星

第三十一回回目：「撕扇子作千金一笑，因麒麟伏白首雙星。」

牽牛、織女二星，合稱雙星。焦林大斗記：「天河之西，有星煌煌，與參俱出，謂之牽牛；天河之東，有星微微，在氐之下，謂之織女。世謂之雙星。」唐杜甫（七一二—七七〇）杜工部草堂詩箋卷三四、奉酬薛十二丈判官見贈：「相如才調逸，銀漢會雙星。」注：「雙星謂牛郎、織女也。」舊曆七月七日稱雙星節。傳說：是日喜鵲架橋，牛郎、織女相會於銀河。銀漢即銀河。

四三、鍾靈毓秀

第三十六回：（寶玉）只說：『……這總是前人無故生事，……不想我生不幸，亦且瓊閨綉閣中亦染此風，真真有負鍾靈毓秀之德！』……」

原作「鍾秀」，漸衍生作「鍾靈」、「鍾毓」，明清之際而有「鍾靈毓秀」。鍾，匯聚。集中。左傳昭公廿八年：「子貉早死無後，而天鍾美於是，將必以是大有敗也。」唐權德輿（七六一—八一八）寓興詩：「弱冠無所就，百憂鍾一身。」毓，養也。東漢班固（三二—九二）東都賦：「發蘋藻以潛魚，豐圃草以毓獸。」東晉顏延之（三八四—四五六）皇太子釋奠會作詩：「稟道毓德，講藝立言。」唐柳宗元（七七三—八一九）邕州柳中丞作馬退山茅亭記：「蒼翠詭狀，綺綰繡錯，蓋天鍾秀於是，不限於遐裔也。」明顧起綸（？—？；兄起經）國雅品士品三：「顧宗伯與成，少參與行，憲副與新，三先生……並負才藝，鍾靈五澤，競爽三吳。」清昭槤（一七七六—一八三五）嘯亭雜錄裕陵聞香：「甫啟地宮石門，聞有異香自隧道出，清芬可愛，如是者數日乃已。蓋寢宮幽閟日久，山岳秀氣所鍾靈也。」林則徐（一七八五—一八五〇）杭嘉湖三郡觀風告示：「江海之所涵濡，膏壤之所鍾毓。」陸以湉（約一八〇二—一八六五）冷廬雜識神缸：「天臺為仙境，無怪鍾靈毓秀，甲於他邑。」

四四、蕉葉覆鹿

第三十七回：「黛玉笑道：『古人曾云蕉葉覆鹿，他自稱蕉下客，可不是一隻鹿了？快做了鹿脯來。』眾人聽了都笑起來。」

列子周穆王：「鄭人有薪於野者，遇駭鹿，御而擊之，斃之，恐人見之也，遂而藏諸隍中，覆之以蕉，不勝其喜。俄而，遺其所藏之處，遂以為夢焉。順塗而詠其事，傍人有聞者，用其言而取之。既歸，告其室人曰：『向薪者夢得鹿，而不知某處；吾今得之，彼直真夢者矣。』……」此典恒以「蕉鹿」、「覆鹿」、「覆鹿蕉」、「覆鹿遺蕉」等型態出現於詩文，多用以指夢幻，或喻恍惚迷離、糊裏糊塗或得失無常。前引黛玉所云已與列子原文不同，係取其字面之意與賈探春戲言也。

四五、瀟湘妃子

第三十七回：「（探春）又向眾人道：『當日娥皇女英洒淚在竹上成斑，故今斑竹又名湘妃竹。如今，他住的是瀟湘館，他又愛哭，將來他想林姊夫，那些竹子也是要變成斑竹的。以後都叫他作瀟湘妃子就完了。』大家聽說，都拍手叫妙。林黛玉低了頭方不言語。」

列女傳有虞二妃：「有虞二妃者。帝堯之二女也。長娥皇，次女英。……舜既嗣位升為天子，娥皇為后，女英為妃，……天下稱二妃聰明貞仁。舜陟方，死於蒼梧，號曰重華。二妃死於江湘之間，俗謂之湘君。」山海經中山經：「帝（按指帝堯）之二女居之，是常遊于江淵，澧沅之風，交瀟湘之淵。」南朝齊謝朓（四六四—四九九）新亭渚別范零陵詩：「洞庭張樂池，瀟湘帝子遊。」李善注引王逸曰：「娥皇、女英隨舜不返，死於湘水。」湘君即湘妃。

四六、附驥

第三十七回：「李紈道：『若如此便起，若不依我，我也不敢附驥了。』」

「附驥尾」省詞作「附驥」、「附尾」。蚊蠅攀附於馬尾，可以遠行千里。因用以喻依附前輩或名人之後而成名；另有「附驥蠅」、「附驥攀鱗」亦大體同一典源。史記伯夷列傳：「顏淵雖篤學，附驥尾而行益顯。」司馬貞索隱：「按蒼蠅附驥尾而致千里，以譬顏回因孔子而名彰也。」後人亦常用以表自謙。清納蘭性德（一六五五—一六八五）淥水亭雜識卷二：「漢皇甫規深以不與黨人為恥。數子碌碌，乃獲附驥尾。」蒲松齡（一六四〇—一七一五）聊齋志異苗生：「苗忽至，左攜巨尊，右提豚肘，擲地曰：『聞諸君登臨，敬附驥尾。』南朝宋鮑照（？—四六八）從臨海王上荊初發新渚詩：「扳龍不待翼，附驥絕塵冥。」北宋黃庭堅（一〇四五—一一〇五）次韻吉老十小詩之二：「癡蠅思附尾，驚鶴畏乘軒。」北宋僧惠洪（一〇七一—一一二八）代夏均甫宴人致語詩：「青天白日心常在，附驥攀鱗志未摧。」明何景明（一四八三—一五二一）送崔氏詩之三：「結髮與君友，附驥思一鳴。」

四七、有個唐僧取經，就有個白馬來馱他

第三十九回：「李氏道：『……我成日家和人說笑，有個唐僧取經，就有個白馬來馱他；……。』」

典出明吳承恩（約一五〇〇—一五八二）西遊記第十五回：「蛇盤山諸神暗佑，鷹愁澗意馬收韁」限於篇幅，茲不摘錄原文。大意謂：唐僧玄奘赴西天取經，騎了一匹白馬，但此東土凡

馬，勢難順利抵達靈山福地。於是，南海菩薩遂命敖閏龍王三太子玉龍於蛇盤山鷹愁澗等候，好為東土取經者做個腳力。玉龍由於饑餒難耐，誤食路經澗邊的白馬。孫行者請來南海菩薩，將玉龍化成白馬，馱唐僧歷盡險山惡水，終於到達西天。李氏，即李紈。渠將丫鬟平兒比作唐僧所騎白馬，意謂鳳姐離不開平兒。

四八、劉智遠打天下，就有個瓜精來送盔甲

第三十九回：「（李氏道）：『劉智遠打天下，就有個瓜精來送盔甲；有個鳳丫頭，就有個你。……』」

典出白兔記看瓜：「（前腔）……待我掘開來看，卻元來一塊石皮下面，石匣裏面頭盔、衣甲、兵書、寶劍。我劉智遠喜的是兵書。明月之下觀看則箇。有幾行字在上：『此把寶刀付與劉暠，五百年後方顯英豪。』劉智遠前程有分了；愛戴的是頭盔，還藏在石匣內，……拜告瓜園土地。」榮按：白兔記作者佚名，屬元末明初南戲劇本。劉智遠（八九五—九四八），應訂正為劉知遠。西突厥沙陀部人。後晉時任河東節度使。後晉為契丹所滅後，稱帝，都汴，自稱係劉漢後裔，遂以漢為國號，史稱後漢。新、舊五代史有紀。李紈用此典誇讚平兒負責盡心，成為主人的「臂膀」、「鑰匙」。

四九、楚霸王舉千斤鼎

第三十九回：「李紈道：『那也罷了。』指著寶玉道：『……鳳丫頭就是楚霸王，也得這兩隻膀子好舉千斤鼎。……』」

史記項羽本紀：「項籍者，下相人也。字羽，……項氏世世為楚將，封於項，故姓項氏。……籍長八尺餘，力能扛鼎，才氣過人。」秦二世元年（公元前二〇九年）九月，項羽隨叔父梁舉吳中精兵八千起義，時年二十四。公元前二〇六年二月，羽自立為西楚霸王。按：李紈意謂楚霸王力氣再大，也得靠兩隻膀子才能舉千斤之鼎；而平兒就是王熙鳳（賈府當家奶奶）的左膀右臂。

五〇、聖樂一奏、百獸率舞

第四十一回：「（林）黛玉笑道：『當日，聖樂一奏、百獸率舞，如今才一牛耳。』眾姊妹都笑了。」

書舜典：「帝曰：『夔！命汝典樂，教胄子，……無相奪倫，神人以和。』夔曰：『於。予擊石拊石，百獸率舞。』」

五一、蘭言

第四十二回回目：「蘅蕪君蘭言解疑癖，瀟湘子雅謔補餘香。」易繫辭上：「二人同心，其利斷金。同心之言，其臭如蘭。」蘭言，今語謂知心話，情投意合之言也。唐駱賓王（六二七？—六八四？）上梁明府啟：「是用挹蘭言於斷金，效蓬心於匪石。」黃滔（八四〇？—？）薛推前輩啟：「遽起蘭言，爰開金口。」清龔自珍（一七九二—一八四一）定風波詞：「多謝蘭言千百句，難據，羽琌詞筆自今收。」

五二、春秋的法子

第四十二回：「（薛）寶釵笑道：『世上的話，到了鳳丫頭嘴裏也就盡了。……更有顰兒這促狹嘴，他用春秋的法子，將市俗的粗話，撮其要，刪其繁，再加潤色比方出來，一句是一句。……』」

春秋的法子，猶云春秋筆法。春秋，魯史書。相傳為孔子所修。孔子據史實修春秋，筆則筆，削則削；字寓褒貶，不佞不諛，亂臣賊子懼之。後因以稱曲折而意含褒貶的文字為春秋筆法。

五三、金蘭契

第四十五回回目：「金蘭契互剖金蘭語，風雨夕悶製風雨詞。」金蘭契，猶云至交，謂友誼深且厚也。易繫辭上：「二人同心，其利斷金。同心之言，其臭如蘭。」抱朴子交際：「易美金蘭，詩詠百朋。」唐白居易（七七二—八四六）代書詩一百韻寄微之：「分定金蘭契，言通藥石規。」明陳所聞（?—?，萬曆間人）步步嬌擬美人七夕述懷套曲：「我愛你與翩翩結金蘭契，量汪汪江海托襟期。」清葉廷琯（一七九一—一八六八）鷗陂漁話太史公：「昔共金蘭契，苦口似相規。」

五四、司馬牛之嘆

第四十五回：「（薛）寶釵笑道：『……你也是個明白人，何必作司馬牛之嘆？你才說的也是，多一事不如省一事。……』……」論語顏淵：「司馬牛憂曰：『人皆有兄弟，我獨亡！』子夏曰：『商聞之矣：死生有命，富貴在天。君子敬而無失，與人恭而有禮，四海之內，皆兄弟也！君子何患乎無兄弟也？』」按：司馬牛，名耕字子牛。

五五、剖腹藏珠

第四十五回：「（林）黛玉道：『……明兒再送來。就失了手也有限的，怎麼忽然又變出這剖腹藏珠的脾氣來！』（賈）寶玉聽說，連忙接了過來，……」

典源：資治通鑑卷一九二唐紀八貞觀元年：「上（按指：太宗）謂侍臣曰：『吾聞西域賈胡得美珠，剖身以藏之，有諸？』侍臣曰：『有之。』上曰：『人皆知彼之愛珠而不愛其身也。……』」後恆以剖腹藏珠稱自秘過甚或惜物過甚。

五六、得隴望蜀

第四十八回：「香菱笑道：『好姑娘，你趁這個工夫，教給我作詩罷。』（薛）寶釵笑道：『我說你得隴望蜀呢。我勸你今兒頭一日進來，先出園東角門，……。』」

典源：後漢書岑彭傳：「（建武）八年，彭引兵從車駕破天水，與吳漢圍隗囂於西城。時公孫述將李育將兵救囂，守上邽，帝留蓋延、耿弇圍之，而車駕東歸。勑彭書曰：『西城若下，便可將兵南擊蜀虜。人苦不知足，既平隴，復望蜀。每一發兵，頭鬢為白。』彭遂壅谷水灌西城，……。」榮按：上引文，東觀漢記隗囂傳亦作如是載。得隴望蜀恆用以喻貪得無饜。

五七、地靈人傑

第四十八回：「（賈）寶玉笑道：『這正是地靈人傑，老天生人再不虛賦情性的。我們成日嘆說可惜他這麼個人竟俗了，誰知到底有今日。可見天地至公。』……」

「地靈人傑」，本作「人傑地靈」。一謂傑出人物其出生或所至之處，其地恆亦因而著名。後亦謂傑出人物恆誕於靈秀之地也。史記高祖本紀：「高祖曰：『……夫運籌策帷帳之中，決勝於千里之外，吾不如子房。鎮國家，撫百姓，給餽饟，不絕糧道，吾不如蕭何。連百萬之軍，戰必勝，攻必取，吾不如韓信。此三人皆人傑也。吾能用之，此吾所以取天下也。……』」韓詩外傳卷八：「惟鳳為能通天祉，應地靈，律五音，覽九德。」唐王勃（六五〇—六七六？）秋日登洪府滕王閣餞別序：「人傑地靈，徐孺下陳蕃之榻。」南宋華岳（？—一二二一）山水吟：「我生恨不由河洛，虛負三光并五嶽。地靈人傑推江東，人物風流兼磊落。」日乃木希典（一八四九—一九一二）神州詩：「休說區區風物美，地靈人傑是神州。」

五八、誨人不倦

第四十八回：「（林）黛玉道：『聖人說：誨人不倦，他又來問我，我豈有不說之理。』……」

語本論語述而：「子曰：『默而識之，學而不厭，誨人不倦，何有於我哉？』」誨，ㄏㄨㄟˋ。教。導。倦，懈怠。厭煩。

五九、螢可不是草化的

第五十回：「眾人道：『螢與花何干？』（林）黛玉笑道：『妙得很！螢可不是草化的？』眾人會意，都笑了說：『好！』……」

典源：禮記月令：「季夏之月，日在柳。……溫風始至，蟋蟀居壁，鷹乃學習，腐草為螢。……」螢，今語謂螢火蟲；又名熒火，即炤、夜照、熠熠。昆蟲綱鞘翅目，色黑褐，能飛，夜間腹部發燐光，專食害蟲。學名 Luciola vitticollis kies.初蟲呈蛆狀，多伏在土中。翌春，蛹化為成蟲，即螢。禮記月令謂「腐草為螢」者，蓋此。按：此回在描述眾人猜燈謎。謎底「花」从草从化，正與謎面螢為草化相關也。

六〇、膠柱鼓瑟

第五十一回：「（薛）寶釵先說道：『前八首（詩）都是史鑒上有據的；後二首卻無考，我們也不大懂得，不如另作兩首為是。』（林）黛玉忙攔道：『這寶姊姊也忒膠柱鼓瑟，矯揉造作了。這兩首雖於史鑒上無考，咱們雖不曾看過這些外傳，不知底裏，難道咱們連兩本戲也沒有見過不成？……』……』

膠柱鼓瑟，猶謂拘泥而不知變通。典出史記趙奢列傳：「……趙王信秦之間。秦之間言曰：『秦之所惡，獨畏馬服君趙奢之子趙括為將耳。』趙王因以括為將，代廉頗。藺相如曰：『王以名使括，若膠柱而鼓瑟耳。括徒能讀其父書傳，不知合變也。』趙王不聽，遂將之。」南宋李綱（一〇八三—一一四〇）桂州答吳元中書：「故在靖康之初，有備則當守；靖康之末，無備則當避。豈可膠柱而鼓瑟耶？……」按：「膠柱鼓瑟」、「膠柱調瑟」，義同。西漢桓寬（？—？，昭帝始元初猶在世）鹽鐵論相刺：「據古文以應當世，猶辰參之錯，膠柱而調瑟，固而難合矣。」隋王通（五八四—六一八）文中子道德、唐劉知幾（六六一—七二一）史通斷限，均作「膠柱調瑟」。

卷四、紅樓夢與用典（之三）

六一、負暄

第五十三回：「賈珍看著收拾完備供器，靸著鞋，披著猞猁猻大裘，……負暄閑看各子弟們來領取年物。」

曬太陽取暖曰負日之暄，省作「負暄」。暄，ㄒㄩㄢ。典出列子楊朱：「昔者，宋國有田夫常衣縕黂①，僅以過冬。暨春東作，自曝於日，不知天下之有廣廈隩室②，綿纊③狐貉。顧謂其妻曰：『負日之暄，人莫知者，以獻吾君，將有重賞。』」明李東陽（一四四七—一五一六）次韻體齋病起見寄之一：「防身戒久同持律，愛國情深比負暄。」

①ㄩㄣˋ ㄈㄣˊ。用粗麻著裏的衣服。

②ㄠˋ ㄕˋ。溫暖的房間。

③ㄇㄧㄢˊ ㄎㄨㄤˋ。絲、綿材質的衣物。

六二、斑衣戲彩

第五十四回回目：「史太君破陳腐舊套，王熙鳳效戲彩斑衣。」又，本文：「鳳姐見笑道：『……那二十四孝上斑衣戲彩，他們不能來戲彩引老祖宗笑一笑，……。』」

典源：初學記卷一七引孝子傳云：「老萊子至孝，奉二親，行年七十，著五彩褊襴衣，弄鶵鳥於親側。」藝文類聚卷二〇引列女傳云：「老萊子孝養二親，行年七十，嬰兒自娛，著五色采衣，取漿上堂，跌仆，因臥地為小兒啼，或弄鶵鳥於親側。」元郭居業（？—？）二十四孝戲彩娛親記老萊子事親故事。

六三、通人

第五十六回：「（賈）探春笑道：『你這樣一個通人，竟沒看見子書？當日姬子有云：登利祿之場，處運籌之界者，竊堯舜之辭，背孔孟之道。』寶釵笑道：『底下一句呢？』……」

學識淵博通達者謂之通人。典出莊子秋水：「……當桀紂而天下無通人，非知失也，時勢適然。」王先謙集解：「賢人皆隱遁，非其智失也。」東漢王充（二七—？）論衡超奇：「通書千篇以上，萬卷以下，夕暢雅閑，審定文讀，而以教授為人師者，通人也。……博覽古今者為通人。……」

六四、匡人看見孔子，只當是陽虎

第五十六回：「（史）湘雲道：『怎麼匡人看見孔子，只當是陽虎呢？』……」史記孔子世家：「（孔子）去衛，將適陳，過匡。……匡人聞之，以為魯之陽虎。陽虎嘗暴匡人，匡人於是止孔子。孔子狀類陽虎，拘焉五日。」論語子罕：「子畏於匡，曰：『文王既沒，文不在茲乎？天之將喪斯文也，後死者不得與於斯文也！天之未喪斯文也，匡人其如予何？』

六五、釵荊裙布、荊釵布裙

第五十七回：「因薛姨媽看見邢岫烟生得端雅穩重，且家道貧寒，是個釵荊裙布的女兒，……。」又，第九十二回：「賈母道：『做叔叔的也該講究給侄女兒聽聽。』寶玉道：『那文王后妃是不必說了，想來是知道的。那姜后脫簪待罪，……孟光的荊釵布裙，……』……」

「釵荊裙布」、「荊釵布裙」，義同。典源詳賤荊，茲從略。

六六、把一個鶯鶯小姐，反弄成拷打紅娘了

第五十八回：「那芳官只穿著海棠紅的小棉襖，底下絲綢撒花袷褲，敞著褲腿，一頭烏油似的頭髮披在腦後，哭的淚人一般。麝月笑道：『把一個鶯鶯小姐，反弄成拷打紅娘了，這會子又不妝扮了，還是這麼鬆怠怠的。』」

典出西廂記第四本（卷四）雨雲幽會第二折——

〔紅云〕姐姐在這裏等著，我過去。說過呵，休歡喜；說不過，休煩惱。

〔紅見夫人科。夫人云〕小賤人，為甚麼不跪下！你知罪麼？

〔紅跪云〕紅娘不知罪。

〔夫人云〕你故自口強哩，若實說呵，饒你；若不實說呵，我直打死你這個賤人！誰著你和小姐花園裏去來？

〔紅云〕不曾去，誰見來？

〔夫人云〕歡郎見你去來，尚故自推哩。

〔打科。紅云〕夫人休閃了手！且息怒停嗔，聽紅娘說。

〔鬼三台〕夜坐時停了針繡，共姐姐閑窮究，說張生哥哥病久。咱兩個背著夫人，向書房問候。

〔夫人云〕問候呵，他說甚麼？

〔紅云〕他說來道老夫人事已休，將恩變為仇，著小生半途喜變做憂。他道紅娘你且先行，教小

姐權時落後。

〔夫人云〕他是個女孩兒家，著他落後怎麼！

〔禿廝兒〕〔紅唱〕我則道神針法灸，一雙心意兩相投，誰承望燕侶鶯儔？他兩個經今月餘，則是一處宿，何須你一一問緣由。

〔聖藥王〕他們不識憂、不識愁，一雙心意兩相投。夫人得好休，這其間何必苦追求？常言道：女大不中留。

〔夫人云〕這端事都是你這個賤人！

〔紅云〕非是張生、小姐、紅娘之罪，乃夫人之過也。

〔夫人云〕這賤人倒指下我來。怎麼是我之過？

〔紅云〕信者人之根本，「人而無信，不知其可也。大車無輗，小車無軏，其何以行之哉？」當日軍圍普救，夫人所許退軍者，以女妻之。張生非慕小姐顏色，豈肯區區建退軍之策？兵退身安，夫人悔卻前，豈得不為失信乎？既然不肯成其事，只合酬之以金帛，令張生舍此而去。卻不當留請張生于書院，使怨女曠夫各相早晚窺視。所以夫人有此一端。目下老夫人若不息其事，一來辱沒相國家譜，二來張生日後名重天下，施恩于人，忍令反受其辱哉？使至官司，夫人亦得治家不嚴之罪。官司若推其詳，亦知老夫人背義而忘恩，豈得為賢哉？紅娘不敢自專，乞望夫人台鑒：莫若恕其小過，成就大事，擱之以去其污，豈不為長便乎？……

〔夫人云〕這小賤人也道得是。……紅娘喚那賤人來！

〔紅見旦云〕且喜姐姐，那棍子只是滴滴溜在我身上，吃我直說過了。我也怕不得許多，夫人如今喚你來，待成合親事。

六七、投鼠忌器

第六十一回回目：「投鼠忌器寶玉瞞贓，判冤決獄平兒行權。」

投鼠忌器，一作「投鼠之忌」，省作「投鼠」。喻思除害而有所顧忌也。典出漢書賈誼傳：「（賈）誼數上疏陳政事，多所欲匡建，其大略曰：『……里諺曰：欲投鼠而忌器。此善諭也。鼠近於器，尚憚不投，恐傷其器，況於貴臣之近主乎！……夫望夷之事，二世見當以重法者，投鼠而不忌器之習也。』」南宋王明清（？—？，建炎嘉泰間人）揮麈三錄卷三：「蔡京用事，首逐先臣，極力傾擠，寘之死地。一時忠良，相繼貶竄。方遂其指鹿為馬之計，豈復以投鼠忌器為嫌。」明陸采（一四九七—一五三七）懷香記鞫訊香情：「流言欲成投鼠誤，偏惑猶然見豕訛。」沈德符（一五七八—一六四二）野獲編宮聞今上家法：「聞上初見彈呂疏，聖意甚不懌，特以貴妃故，有投鼠之忌。」清蒲松齡（一六四〇—一七一五）聊齋志異梅女：「某即有罪，倘死於寓所，則咎在小生。請少存投鼠之忌。」

六八、芍藥裀

第六十二回回目：「憨湘雲醉臥芍藥裀，呆香菱情解石榴裙。」

典源：五代王仁裕（八八〇—九五六）開元天寶遺事卷上花裀：「學士許慎選放曠，不拘小節。多與親友結宴於花圃中，未嘗具帷幄、設坐具。使童僕輩聚落花鋪於坐下。慎選曰：『吾自有花裀，何銷（消）坐具？』」裀，ㄧㄣ。重席。通「茵」。西漢司馬相如（？—前一一八）美人賦：「裀褥重陳，角枕橫施。」

六九、鷄窗、鷄人

第六十二回：「（薛）寶釵一想，因見席上有鷄，便射著他是用『鷄窗』、『鷄人』二典了，因射了一個『塒』字。」

「鷄」、「雞」，同字異體；俗字作「五一」。

鷄窗，一作「雞牕」、「鷄牕」。典源：南朝宋劉義慶（四〇三—四四四）幽明錄：「晉兗州刺史沛國宋處宗嘗買得一長鳴鷄，愛養甚至，柄籠窗間。鷄遂作人語，與宗談玄，極有言致，終日不輟。處宗因此玄功大進。」藝文類聚卷九一亦引用上文；惟字句略有出入。「柄籠窗間」，作「恆籠窗間」；又，「與宗談玄……大進」作「與處宗談論，極有言智，終日不輟。處宗因此言巧大進。」此典，後人多用以指稱書齋。唐羅隱（八三三—八九一。）題袁溪張逸人所居詩：「雞窗夜靜開書卷，魚檻春深展釣絲。」南宋范成大（一一二六—一一九三）嘲蚊四十韻：「雞窗夜可誦，蛩機曉猶織。」清孫道乾（？—？）小螺庵病榻憶語：「還期他日，雞牕映雪，早作和羹。」

鷄人，上古職官之一，掌供辦鷄牲。凡行大典，則報時以警夜。周禮春官鷄人：「鷄人掌供鷄牲，辨其物。大祭祀，夜嘑旦以𠸚百官。凡國之大賓客、會同、軍旅、喪紀，亦如之。凡國事為期，則告之時。凡祭祀，回禳釁，共其雞牲。」後多用以指稱宮廷專司更漏者。南朝梁陸倕（四五〇—五二六）新刻漏銘：「坐朝晏罷，每旦晨興，屬傳漏之音，聽鷄人之響。」北宋王安石（一〇二一—一〇八六）和祖擇之登紫微閣之一：「宮樓唱罷鷄人遠，門闕朝歸虎士閑。」

七〇、請君入甕

第六十二回：「大家輪流亂划了一陣，……（史）湘雲的拳卻輸了，請酒面酒底。（薛）寶琴笑道：『請君入甕。』大家笑起來，說：『這個典用的當。』……」

典源：新唐書酷史傳來俊臣：「初，（周）興未知被告，方對俊臣食，俊臣曰：『囚多不服，奈何？』興曰：『易耳，內之大甕，熾炭周之，何事不承。』俊臣曰：『善。』命取甕且熾火，徐謂興曰：『有詔按君，請嘗之。』興駭汗，叩頭服罪。」卒，資治通鑑卷二〇四亦載此事；惟作「……有內狀推兄，請兄入此甕。」甕，ㄨㄥˋ。口小腹大，用以盛酒、醬、醋、水等之瓦器。

七一、嵩呼

第六十三回：「……此旨一下，不但賈府中人謝恩，連朝中所有大臣皆嵩呼，稱頌不絕。」漢書武帝紀：「（元封元年）春正月，行幸緱氏。……翌日，親登嵩高，御史乘屬，在廟旁吏卒咸聞呼萬歲者三。」後，臣民祝頌皇帝，高呼萬歲，亦謂之「嵩呼」。南宋吳自牧（？—？咸淳前後間人）夢粱錄元旦大朝會：「禁衛人高聲嵩呼，聲甚震，名為『繞殿雷』。」南宋陸游（一一二五—一二一〇）拜日表：「一封馳奏效嵩呼，清渾何時返故都。」元貫雲石（一二八六—一三二四）新水令皇都元日套曲：「拜舞嵩呼，萬萬歲當今聖明主。」嵩呼，一作「山呼」。唐張說（六六七—七三一）大唐祀封禪頌：「五色雲起，拂馬以隨人。萬歲山呼，從天而至地。」元史禮樂志一元正受朝儀：「曰跪左膝，三叩頭，曰山呼，曰山呼，曰再山呼。」注：「凡傳山呼，控鶴呼譟，應和曰萬歲；傳再山呼，應曰萬萬歲。」

七二、稽顙泣血

第六十三回：「賈珍下了馬，和賈蓉放聲大哭，從大門外便跪爬進來，至棺前稽顙泣血，直哭到天亮喉嚨都啞了方住。」

禮記檀弓上：「孔子曰：『拜而后稽顙，頹乎其順也。稽顙而后拜，頎乎其至也。三年之喪，吾從其至者。』」易屯：「上六，乘馬班如，泣血漣如。象曰：『泣血漣如，何可長也。』」稽顙，跪拜時，以頭觸地，以表悲痛之至。顙，ㄙㄤˇ。泣血，無聲痛哭，淚如血湧；一謂淚盡血出。亦表悲傷之極。

七三、玉山傾倒

第六十三回：「（尤三姐）出來便說：『你們不必出去再議，還你的定禮。』一面淚如雨下，左手將劍並鞘送與湘蓮，右手回肘只往項上一橫。可憐『揉碎桃花紅滿地，玉山傾倒再難扶』芳靈蕙性，渺渺冥冥，不知那邊去了。」

典源：世說新語容止：「……山公曰：『嵇叔夜①之為人也，巖巖若孤松之獨立；其醉也，傀俄②若玉山之將崩。』」此典多以「玉山倒」、「玉山傾」、「玉山頹」或省作「玉頹」等呈現，用以稱美人酒醉欲倒之態。前述引文中「玉山傾倒」，則在形容尤三姐這位美人倒地身亡。

①嵇康字叔夜

②傾頹貌。傀，ㄍㄨㄟ。

七四、聚麀

第六十四回：「卻說賈璉素日既聞尤氏姊妹之名，恨無緣得見。近因賈敬停靈在家，每日與二姐三姐相識已熟，不禁動了垂涎之意。況知與賈珍、賈蓉等素有聚麀之誚，因而乖機百般撩撥，眉目傳情。」

禮記曲禮上：「夫唯禽獸無禮，故父子聚麀。」鄭玄注：「聚，猶共也。鹿牝曰麀。」禽獸不知父子夫婦之倫，故有父子共牝之事。麀，ㄧㄡ。牝，ㄆㄧㄣˋ；ㄆㄧㄣˇ（後者語音）。母畜。後恆用以指稱兩代亂倫行為。南史劉沭傳：「或詣之，問其母安否。沭曰：『惟有愁惛。』次訪其子，對曰：『所謂父子聚麀。』蓋謂麀為憂也。」唐吳兢（六七〇—七四九）貞觀政要論封建：「陳靈則君臣悖禮，共侮紀舒；衛宣則父子聚麀，終誅壽朔。」駱賓王（六二七？—六八四？）為徐敬業討武曌檄：「踐元后於翬翟，陷吾君於聚麀。」南宋洪邁（一一二三—一二〇二）容齋三筆高唐神女賦：「若如所言，則是王父子皆與此女荒淫，殆近於聚麀之醜矣。」

七五、欲令智昏

第六十四回：「自古道『欲令智昏』，賈璉只顧貪圖二姐美色，聽了賈蓉一篇話，遂為計出萬全，將現今身上有服，並停妻再娶，嚴父妒妻種種不妥之處，皆置之度外了。」

按：古語並無「欲令智昏」一詞，應係作者自「利令智昏」之語衍化而來也。史記平原君虞卿列傳：「鄙語曰：『利令智昏』，平原君貪馮亭邪說，使趙陷長平兵四十餘萬眾，邯鄲幾亡。」牟利之慾薰心而失去理智、乃至是非莫辨，曰利令智昏。「欲令智昏」之「欲」，則指漁色而言。

七六、富比石崇、才過子建、貌比潘安

第六十五回：「（「尤三姐）先便滴淚泣道：『……但終身大事，一生至一死，非同兒戲。我如今改過守分，只要我揀一個素日可心如意的人方跟他去。若憑你們揀擇，雖是富比石崇，才過子建，貌比潘安的，我心裏進不去，也白過了一世。』

晉書石崇傳：「（石）崇穎悟有才氣，而任俠無行檢。……財產豐積，室宇宏麗。後房百數，皆曳紈繡，珥金翠。絲竹盡當時之選，庖膳窮水陸之珍。與貴戚王愷、羊琇之徒以奢靡相尚。愷以粭澳釜，崇以蠟代薪。愷作紫絲布步障四十里，崇作錦步障五十里以敵之。崇塗屋以

椒，愷用赤石脂。崇、愷爭豪如此。……」世說新語汰侈：「石崇與王愷爭豪，並窮綺麗以飾輿服。武帝，愷之舅也。每助愷，嘗以一珊瑚樹高二尺許賜愷，枝柯扶疏，世罕其比。愷以示崇，崇視訖，以鐵如意擊之，應手而碎。愷既惋惜，又以為疾（嫉）己之寶，聲色甚厲。崇曰：「不足恨，今還卿。」乃命左右悉取珊瑚樹有三尺、四尺，條幹絕世，光采溢目者六七枚如愷，許比甚眾，愷惘然自失。」又，文學：「文帝常（按：應訂正為「嘗」）令東阿王①七步中作詩，不成者行大法。應聲便為詩曰：『煮豆持作羹，漉[illegible]以為汁；萁在釜下燃，豆在釜中泣。本是同根生，相煎何太急？』帝深有慚色。」三國志魏書卷一九：「陳思王植字子建。年十歲餘，誦讀詩、論及辭賦數十萬言，善屬文。太祖嘗視其文，謂植曰：『汝倩人邪？』植跪曰：『言出為論，下筆成章，顧當面試，奈何倩人？』時銅雀臺新成，太祖悉將諸子登臺，使各為賦。植援筆立成，可觀，太祖甚異之。」晉書潘岳傳：「潘岳字安仁，……岳美姿儀，辭藻絕麗，尤善為哀誄之文。少時常挾彈②出洛陽道，婦人遇之者，皆連手縈繞，投之以果，遂滿車而歸。」世說新語容止：「潘岳，妙有姿容，好神情。少時挾彈出洛陽道，婦人遇者莫不連手共縈之。左太沖絕醜，亦復效岳遊遨；於是，羣嫗齊共亂唾之，委頓而返。……潘安仁、夏侯湛並有美容，喜同行。時人謂之連璧。」

①文帝，指曹丕。東阿王，曹植。

②夾持彈弓。射彈之弓，略稱彈（ㄉㄢˋ）。以竹為胎，外附牛筋、牛角製成。

七七、尤物

第六十六回：「（賈）寶玉道：『他是珍大嫂子的繼母帶來的兩位小姨。我在那裏和他們混了一個月，怎麼不知？真真一對尤物。他又姓尤。』……」

尤物，謂絕色美女；惟隱含貶意。典出左傳昭公廿八年：「初，叔向欲娶於申公巫臣氏，其母欲娶其黨。……其母曰：『子靈之妻殺三夫，一君、一子，而亡一國、兩卿矣，可無懲乎？吾聞之：甚美必有甚惡。……夫有尤物，足以移人。苟非德義，則必有禍。』……」楊伯峻注：「尤物，指特美之女。」唐陳鴻（？—？，大和初猶健在）長恨歌傳：「意者不但感其事，亦欲懲尤物，窒亂階，垂於將來者也。」南宋羅大經（？—？，約紹熙、德祐間人）鶴林玉露卷一一：「高帝①非天人歟？能決意於太公、呂后，而不能決意於戚夫人。杯羹可分，則笑嫚自若②；羽翼已成，則欷歔③不止。乃知尤物移人，雖大智大勇不能免」。清孔尚任（一六四八—一七一八）桃花扇卻奩：「世兄有福，消此尤物。」」

①劉邦。

②嬉笑輕侮，依然如故。

③ㄒㄧ ㄒㄩ。歎息聲。

七八、杜工部也有媚語

第七十回：「（薛）寶琴笑道：『你猜是誰作的？』（賈）寶玉笑道：『自然是瀟湘子稿。』寶琴笑道：『現是我作的呢！』寶玉笑道：『我不信。這聲調口氣，迥乎不像蘅蕪之體，所以不信。』（薛）寶釵笑道：『所以你不通。難道杜工部首首只作「叢菊兩開他日淚」之句不成！一般的也有「紅綻雨肥梅」「水荇牽風翠帶長」之媚語。』……」

薛寶釵意謂：杜詩固然以風格沈鬱聞於世；同樣也間有如「紅綻雨肥美」、「水荇牽風翠帶長」等清爽且艷麗的詩句。新唐書列傳一二六文藝上：「（杜甫）數上賦頌，因高自稱道，且言：『……若令執先臣故事，拔泥塗之久辱，則臣之述作雖不足鼓吹六經，至沈鬱頓挫，隨時敏給，揚雄、枚皐可企及也。……』」明高宗（一三五〇—一四二三）唐詩品彙總敘：「……開元、天寶間則有李翰林之飄逸，杜工部之沈鬱，……此盛唐之盛者也。」其新安吏、潼關吏與石壕吏（世稱三吏），新婚別、垂者別與無家別（世稱三別）、詠懷、北征等諸詩作，主題悲淒；出塞、兵車行、赴奉先詠懷五百字等諸作充滿憂患情懷；秋興、諸將、詠懷古迹等詩，筆法蒼老遒勁，在在呈現坦蕩博大、憂憤深廣之總體風格。概括言之：杜詩中近體有古風，而古體見清麗；子美戲為六絕句之五云「不薄今人愛古人，清詞麗句必為鄰。竊攀屈宋宜方駕，恐與齊梁作後塵。」

秋興八首之一　杜甫

玉露凋傷楓樹林，巫山巫峽氣蕭森。江間波浪兼天湧，塞上風雲接地陰。叢菊兩開他日淚，孤舟一繫故園心。寒衣處處催刀尺，白帝城高急暮砧。

陪鄭廣文遊何將軍山林十首之五　杜甫

賸水滄江破，殘山碣石開。綠垂風折筍，紅綻雨肥梅。銀甲彈箏用，金魚換酒來。興移無灑埽，隨意坐莓苔。

曲江對雨　杜甫

城上春雲覆苑牆，江高晚色靜年芳。林花著雨燕脂濕，水荇牽風翠帶長。龍武新軍深駐輦，芙蓉別殿謾焚香。何時詔此金錢會，暫醉佳人錦瑟旁。

七九、屏開鸞鳳，褥設芙蓉

第七十一回：「至二十八日，兩府中俱懸燈結彩，屏開鸞鳳，褥設芙蓉，笙簫鼓樂之音，通衢越巷。」

典出唐杜甫（七一二—七七〇）李監宅詩：「尚覺王孫貴，豪家意頗濃。屏開金孔雀，褥隱繡芙蓉。且食雙魚美，誰看異味重。門闌多喜色，女壻近乘龍。」作者取上引杜詩第三、四句酌予改動，用以描繪賈母八秩嵩慶諸場景，亦貼切典雅也。

八〇、守如處女，脫如狡兔

第七十三回：「（林）黛玉笑道：『這倒不是道家玄術，倒是用兵最精的，所謂守如處女，脫如狡兔，出其不備之妙策也。』……」

典源：孫子九地：「始如處女，敵人開戶；後如脫兔，敵不及拒。」「守如處女，脫如狡兔」，意謂似處女般矜持靜守，如狡兔般敏捷不羈。

八一、齒竭唇亡

第七十三回：「平兒忙陪笑道：『姑娘怎麼今日說這話出來？我們奶奶如何當得起！』（賈）探春冷笑道：『俗語說的，物傷其類，齒竭唇亡，我自然有些驚心。』」

左傳僖公五年：「晉侯復假道於虞以伐虢。宮之奇諫曰：『虢，虞之表也；虢亡，虞必從之……諺所謂輔車相依，唇亡齒寒者，其虞虢之謂也。』墨子非攻中：「古者有語：『唇亡則齒寒。』趙氏朝亡，我夕從之。……」一旦失去雙唇，齒牙必然外露受寒。因用以喻彼此利害與共、關係密切也。「齒竭唇亡」與「唇亡齒寒」同義。

八二、虎狼屯於階陛尚談因果

第七十三回：「眾人聽了，都好笑起來。（林）黛玉笑道：『真是虎狼屯於階陛尚談因果。若使二姐姐是個男人，這一家上下若許人，又如何裁治他們。』……」

典出南史列傳四四梁簡文帝諸子：「建平王大球字仁玉，……大寶元年，封建平郡王。……初，侯景圍臺城，武帝素歸心釋教，每發誓願，恆云：『若有眾生應受諸苦，衍身代當。』時大球甫七歲，聞而驚謂母曰：『官家尚爾，兒安敢辭。』乃六時禮佛，亦云：『凡有眾生應獲苦報，悉大球代受。』其早慧如此。二年，遇害。」梁武帝蕭衍於叛軍侯景兵臨臺城，猶侈談佛教因果說。後人恆用此典以諷刺危在眉睫尚不自知，依然沉湎於嗜好之中。林黛玉援引此典以譏訕賈探春對攸關己身聲名大事，竟取不聞不問之態度處之。

八三、矢孤介

第七十四回回目：「惑奸讒抄檢大觀園，矢孤介杜絕寧國府。」

矢，ㄕˇ。誓也。詩衛風考槃：「獨寐寤言，永矢弗諼。」論語雍也：「子見南子，子路不悅；夫子矢之曰：『予所否者，天厭之！天厭之！』」孤介，謂耿直方正，不隨流俗。梁書臧嚴傳：「……性孤介，于人間未嘗造請，僕射徐勉欲識之，（臧）嚴終不旨。」隋書薛道衡傳附從弟孺；「孺清貞孤介，不交流俗。」宋史王琪傳；「琪性孤介，不與時合。」回目係指賈惜春堅守耿直廉介之個性而言。

八四、春睡捧心之遺風

第七十四回：「及到了鳳姐房中，王夫人一見他釵軃鬢鬆、衫垂帶褪，有春睡捧心之遺風，而且形容面貌恰是上月的那人，不覺勾起方才的火來。」

「春睡」源自「海棠睡」，典源出自北宋樂史（九三〇—一〇〇七）楊太真外傳。一說出自唐鄭處誨（？—八六七）明皇雜錄；惟經查四庫全書該書上、中、下卷及補遺均無記載，顯係訛傳。北宋惠洪（一〇七一—一一二八）冷齋夜活卷一詩出本處：「東坡作海棠詩曰：『只恐夜深花睡去，高燒銀燭照紅妝。』事見（楊）太真外傳曰：『上皇登沉香亭，詔太真妃子。妃子時卯醉未醒。命高力士從侍兒扶掖而至。妃子醉顏殘粧、鬢亂釵橫，不能再拜』。上皇笑曰：『豈是妃子醉，真海棠睡未足耳。』……」蘇軾（一〇三六—一一〇一）海棠詩：「東風嫋嫋泛崇光，香霧空濛月轉廊；只恐夜深花睡去，高燒銀燭照紅妝。」明唐寅（一四七〇—一五二三）六如居士全集題海棠美人詩：「褪盡東風滿面妝，可憐蝶粉與蜂狂；自今意思誰能說，一片春心付海棠。」（卷三）。「海棠睡」歷來又作「妃子睡」、「海棠半醉」、「海棠夢」、「好花如睡」、「睡海棠」、「海棠醉睡」等形式出現詩、詞、曲、文。世傳：唐伯虎曾作海棠春睡圖描繪楊貴妃醉態；惟明清以來似無人親睹該畫真蹟。捧心，典出莊子天運。詳東施效顰，茲從略。遺風，猶云遺韻。謂如楊妃、西施等之韻致也。

八五、二難

第七十五回：「（賈政）遂不悅道：『可見是弟兄了。發言吐氣總處邪派，……。妙在古人中有『二難』，你兩個也可以稱『二難』了。只是你兩個的『難』字，卻是作難以教訓之『難』字講才好。哥哥是公然以溫飛卿[1]自居，如今兄弟又自為曹唐[2]再世了。』」

典源：世說新語德行：「陳元方子長文，有英才。與季方子孝先各論其父功德，爭之不能決，咨於太丘。太丘曰：『元方難為兄，季方難為弟。』」二難，謂兄弟皆佳，不易分高下也。難，ㄋㄢˊ。唐包何（？—？，約開元、大曆間人）和曲員外寓直中事書：「朝列稱多士，君家有二難。」

①溫庭筠（八一二？—八七〇？）字飛卿。才情綺麗，工為辭章，尤擅律賦。與當世詩人李商隱齊名，號「溫李」。

②曹唐字堯賓，生卒年不詳，咸通間暴卒。渠志氣激昂，頗自抑鬱。才情縹緲、詩句清麗。全唐詩編其詩為二卷（卷六四〇—六四一）、全唐詩補編續拾補收其詩一首（卷卅二）。

八六、雪窗熒火

第七十五回：「（賈赦）道：『這詩據我看甚是有骨氣。想來咱們這樣人家，原不比那起寒酸，定要雪窗熒火，一日蟾宮折桂，方得揚眉吐氣。……』」

雪窗，謂映雪讀書也。孫氏世錄：「孫康家貧，常映雪讀書。」康，晉京兆人，家貧好學，恆映雪勤讀。初學記卷二引宋齊語亦有是說。熒火，謂囊螢借光也。熒，ㄧㄥˊ。同「螢」晉書車胤傳：「……胤恭勤不倦，博學多通。家貧不常得油。夏月，則練囊盛數十螢火以照書，以夜繼日焉。」後人恆以雪窗螢火譬貧士刻苦攻讀。

八七、張僧繇畫一乘寺的故事

第七十六回：「林黛玉道：『也不只放翁才用，古人中用者太多。如江淹青苔賦，東方朔神異經，以至畫記上云張僧繇畫一乘寺的故事，不可勝舉。……』」

唐許嵩（？—？，開元、至德間人）建康實錄：「一乘寺梁邵陵王綸造。寺門遍畫凹凸花，為張僧繇手迹。其花乃天竺遺法，朱及青綠所造，遠望眼暈如凹凸，近視即平，世或異之，乃名凹凸寺云。」張僧繇（？—五一九？）南朝梁吳郡吳（今蘇州）人。梁武帝天監間曾出仕，歷官右軍將軍、吳興太守。擅寫真釋道人物，兼善龍、鷹、山水、花卉等。梁武帝思念諸王子出征，遣僧繇寫渾等貌，果逼真如在目前。武帝崇尚釋道，多命僧繇圖之。其畫龍尤顯神妙，傳安樂寺壁繪四龍，皆未點睛，云點則飛騰而去。人不信，堅請點之。須臾，雷霆破壁，已點睛之二龍，果飛騰入空，未點睛者仍在壁間。（唐張彥遠歷代名畫記卷七）。張僧繇於畫作著色有其創新與貢獻。花卉採天竺遺法，色彩鮮豔、具強烈主體感，昔謂凹凸花，此即重視明暗與烘托之所謂退暈法也。後人亦稱之為沒骨畫法。其於形象造型，一改密體大家顧（愷之）、陸（探微）之瘦削，而為豐腴，栩栩為生，世稱張家樣，創為疏體，唐吳道子承其緒，並稱張吳疏體，為六朝四大家之一，冢子善果，擅寫人物，頗有父風。（同前揭書卷二、太平廣記卷二一一）

八八、續貂

第七十六回：「妙玉笑道：『也不敢妄加評贊。只是這才有了二十二韵。我意思想著你二位警句已出，再若續時，恐後力不加。我竟要續貂，又恐有玷。』……」

典出兩晉虞預（？—？，約太康、咸和間人）晉錄：「趙王（司馬）倫篡位，時侍中、常侍九十七人。每朝，小人滿庭，貂蟬半坐。時人謠曰：『貂不足，狗尾續。』」又，晉書司馬倫傳：「倫從兵五千人，入自端門，登太極殿，滿奮、崔隨、樂廣進璽綬於倫，乃僭即帝位，大赦，改元建始。……諸黨皆登卿將，並列大封。其餘同謀者咸超階越次，不可勝紀，至於奴卒廝役亦加以爵位。每朝會，貂蟬盈坐，時人為之諺曰：『貂不足，狗尾續。』……故有白版之侯，君子恥服其章，百姓亦知其不終矣。」此典多作「狗尾續貂」，省作「續貂」。原用以喻濫授封爵，或指官吏濫芋充數。引文用此典，則屬自謙之詞，謂續加者不及諸人所作，前後極不相稱也。北宋曾鞏（一〇一九—一〇八三）寄留交代元子發詩：「倚玉詎應公論許，續貂還恐邑人非。」近人廖樹蘅（一八四〇—一九二三）續板橋雜記緣起：「至于聞見無多，記敘譾陋，續貂之病，閱者原之。」

八九、孔子廟前之檜、⿱六十前之蓍

第七十七回：「（賈）寶玉嘆道：『你們那裏知道，不但草木，凡天下之物，皆是有情有理的，也和人一樣，得了知己，便極有靈驗的。若用大題目比，就有孔子廟前之檜、⿱五六前之蓍，……世亂則萎，世治則榮，幾千百年了，枯而復生者幾次。這豈不是兆應？……』」

唐封演（？—？，約開元、貞元間人）封氏聞見記文宣王廟樹：「兗州典阜縣文宣廟門內，井殿西南各有柏葉松身之樹，各高五六丈，枯槁已久。相傳夫子手植。永嘉三年，其樹枯死。至仁壽元年，門內之樹，忽生枝葉。乾封二年復枯。俗稱千年木，療心痛，人多竊割削之，樹身漸細，去地丈餘，皆以泥，累累泥封，猶不免焉。亦有取為笏者，色紫而甚光澤。肅宗時，樹猶在。……」榮按：永嘉三年（公元三〇八年）。是年三月，劉淵遣將攻洛陽，陷黎陽、延津等地，沉三萬餘入于河。夏，晉大旱，江、漢、河、洛皆乾涸可涉。仁壽元年（公元六〇一年）。是年，隋文帝即位第十二年，突厥男女九萬口來降。乾封二年（公元六六七年），高宗李治久疾，命太子弘監國。封演稱「柏葉松身」者，實指檜而言；據史載：原植三株，榮枯者再，至北宋仁宗康定元年（一〇四〇）復生，金貞祐二年（一二一四），三株均燬於兵火，殘幹離為聖賢像。元至元卅一年（一二九四），東廡廢墟茁新苗，經移往故址。明弘治十二年（一四九九），燬於孔廟雷火。清雍正二年（一七二四），乾枯又遭雷火延燒，僅存樹樁。今所見者，係雍正十年（一七三二）萌發新條長成，高十餘米，粗可合抱。周圍石欄。東有陰刻楷書「先師手植檜」

石碑一方，高二．四米、寬〇．八三米，明萬曆廿八（一六〇〇）年立。檜，學名 **Juniperus chinensis**。松杉科，常綠喬木，幹高丈餘，或類柏或類松不一；葉或針狀或鱗狀，為上品之材，供建築、製器。

蓍，學名 **Achillea sibirica**。菊科，多年生草本，莖勁直，高二、三尺；葉互生，形細長，羽狀分裂若鋸齒。秋月開白或淡紅色花，頭狀花序；結實為艾實。古人取其莖為占筮之用。揲以卜筮之蓍莖，恆略稱曰蓍。羣芳譜云：「蓍，神草也，能知吉凶。」北宋陸佃（一〇四二—一一〇二）埤雅蓍：「蒿屬也。从耆。草之壽者也。」易說卦：「幽贊於神明而生蓍。」又，繫辭上：「子曰：『夫易何為者也。夫易，開物成物，冒天下之道。……是故，聖人以通天下之志，以定天下之業，以斷天下之疑。是故，蓍之德圓而神，卦之德方以知。……神以知來，知以藏往。……』」孔子故里傳說，相士僉以孔[illegible]周遭蓍草，最為靈驗。

九〇、諸葛祠之柏

第七十七回：「（賈）寶玉嘆道：『你們那裏知道，不但草木，凡天下之物，皆是有情有理的，……諸葛祠前之柏，……世亂則萎，世治則榮，幾千百年了，……』」

諸葛祠即俗稱武侯祠，有多處。其一在今河南南陽西郊臥龍崗，一名諸葛廬，乃諸葛亮（一八一—二三四）出仕前隱居躬耕之所。有草廬、古柏亭、野雲庵、躬耕亭、小虹橋、抱膝石、梁甫岩、伴月臺、寧遠樓、讀書臺等臥龍十景。祠建於草廬等之前端，面朝東南，周長約一、五〇〇米，面積約一二、〇〇〇平方米，入口處立有山門，享殿居中，左右為碑廊，何年始建，無考，今所見者為元大德二年（一二九八）重建，其後迭有增修。草廬等十景，則多為前清建築。扁柏，學名Chamaeo yparis obtusa。松杉科，常綠喬木。高數丈，葉小，狀若鱗片，悉密著莖上，夏綻花，單性、雌雄同株，實小而多，屬球果，材質密緻，有香氣，可供建築、製器之用。柏，尚有多種；扁柏，俗簡稱柏。武侯祠草廬亭旁聳立之古柏，傳係孔明當年所手植。千餘年來，榮枯者再。

九一、岳武穆墳前之松

第七十七回：「（賈）寶玉嘆道：『你們那裏知道，不但草木，凡天下之物，皆是有情有理的……岳武穆墳前之松，……世亂則萎，世治則榮，幾千百年了……』」

宋史岳飛傳：「初，檜逐趙鼎，飛每對客嘆息，又以恢復為己任，不肯附和議。……（金）兀朮遺檜書曰：『汝朝夕以和請，而岳飛方為河北圖，必殺飛，始可和。』檜亦以飛不死，終梗和議，己必及禍，故力謀殺之。……誘王俊誣告張憲謀還飛兵。檜遣使捕飛父子證張憲事，……飛坐繫兩月，無可證者。……歲暮，（榮按：紹興十一年十二月，西曆一一四二年一月）獄不成，檜手書小紙付獄，即報飛死，時年三十九。……孝宗詔復飛官，以禮改葬，……建廟於鄂，號忠烈。淳熙六年，謚武穆。嘉定四年，追封鄂王。」考岳飛（一一〇三—一一四二）負莫須有之罪名，遇害於臨安大理寺獄風波亭，時紹興十一年十二月十九日（西曆一一四二年一月廿七日）。獄卒隗順冒險將渠遺駭裹葬于西湖九曲叢祠北山之滑。孝宗即位初，頒復官改葬指揮，始遷葬於今址（杭州棲霞嶺南麓），歷代迭有修葺；今所見規模係於民國十二年所重修。民國五十五年文革期間，遭紅衛兵嚴重破壞。民六八，大事整修，始復舊觀。岳兲周遭所植松，株株俊拔高聳，枝葉朝南滋長，自古傳說樹叢為武穆英靈感召，心向南宋也。赤松，略稱松。學名 **Pinus densiflora**。松柏科，常綠喬木，高者十餘丈，葉如針，每二針為一束，多數叢生，花單性，雌雄同株，果毬狀，外有多數鱗片，二或三年成熟。樹皮略如龜甲狀，以其色赤，故名赤松。另有黑松、五釵松、五鬚松等，與赤松稍異，但針葉常綠喬木則無殊。

卷五、紅樓夢與用典（之四）

九二、楊太真（八）、香亭之木芍藥

第七十七回：「（賈）寶玉嘆道：『……小題目比，就有楊太真沉香亭之木芍藥，……豈不也有靈驗。……』」

典出五代王仁裕（八八〇—九五六）開元天寶遺事卷上花妖：「初有木芍藥植於沉香亭前。其花一日忽開一枝兩頭，朝則深紅，午則深碧，暮則深黃，夜則粉白。晝夜之內，香艷各異，帝謂左右曰：『此花木之妖，不足訝也。』」楊太真（七一九—七五六）。唐蒲州永樂人。小名玉環。父楊玄琰。渠曉音律，善歌舞。初為壽王妃，後為道士，號太真。入宮得玄宗寵，封為貴妃。姊妹因而顯貴，堂兄國忠且拜相。安史亂起，玄宗奔蜀，至馬嵬坡，六軍殺國忠，太真亦被迫縊卒。新舊唐書有傳。沉香亭，唐西京長安內宮興慶池東憩亭名。沉，一作「沈」。李白（七〇一—七六二）清平調詞之三：「解釋春風無限恨，沉香亭北倚闌干。」北宋樂史（九三〇—一〇〇七）楊太真外傳：「開元中，禁中重芍藥，即今之牡丹也。得數本紅紫淺紅通白者，上因移植於興慶池東、沉香亭前……上曰：『賞名花，對妃子，焉用舊樂詞為？』遂命李龜年持金花牋，宣勅翰林李白立進青平調辭三章。」金董解元（？—？，章宗時人）西廂記諸宮調卷五：……「料來春困把湖山倚，偏疑沉香亭北太真妃。」明雜劇沉香亭（作者佚名）即演此事。木芍藥，即芍藥，後人多稱牡丹。

九三、端正樓之相思樹

第七十七回：「（賈）寶玉：『……小題目比，就有……端正樓之相思樹，……豈不也有靈驗。……』」

北宋樂史（九三〇—一〇〇七）楊太真外傳：「上每年冬十月幸華清宮，常經冬還宮闕。……華清有端正樓，即（楊）貴妃梳洗之所。有蓮花湯，即貴妃澡沐之室。」「……上發馬嵬，行至扶風道，道旁有花寺畔，見石楠樹團圓，愛玩之，因呼為端正樹，益有所思也。」「上皇既居南內，夜闌登勤政樓，憑欄南望，煙月滿目。上因自歌曰：『庭前琪樹已堪攀，塞外征人殊未還。』……，」西晉左思（二五二？—三〇六？）吳都賦：「平仲桾櫏，松梓古度。楠榴之木，相思之樹。」榮按：相思樹應指楠木而言，前引文「勤政樓庭前琪樹……」，待酌，附誌之。

九四、王昭君冢上之草

第七十七回：「（賈）寶玉嘆道：『……小題目比，就有……王昭君冢上之草，豈不也有靈驗。……』」

高墳曰冢。ㄓㄨㄥˇ。史記伯夷叔齊列傳：「余登箕山，其上蓋有許由冢云。」古今圖書集成職方典大同府古蹟考漢明妃墓：「在府城西北五百里，古豐州西六十里，即王昭君墓。塞草皆黃，惟此獨青，亦為青塚。」「塚」，「冢」俗字。王昭君（？—？）西漢南郡秭歸（今湖北興山縣）人。名嬙，字昭君。晉避司馬昭諱，改稱明妃、明君。漢元帝時，以良家子選入內宮。竟寧元年（前三三）匈奴呼韓邪單于入朝求和親，昭君自請嫁呼韓邪為妻，稱寧胡閼氏。呼韓邪辭世，上書求歸。成帝命其遵從胡俗，為前閼氏子復株累若鞮後單于閼氏。昭君墓，位在今內蒙呼和浩特市南九公里，大黑河南岸。墓高三十三米，佔地近一四、〇〇〇平方米。傳說即使枯草季，冢上草色依然翠綠。唐杜甫詠懷古迹之三：「羣山萬壑赴荊門，生長明妃尚有村。一去紫臺連朔漠，獨留青塚向黃昏。畫圖省視春風面，環珮空歸月夜魂。千載琵琶作胡語，分明怨恨曲中論。」清仇兆鰲（一六三八—一七一七）杜詩評注引歸州圖經云：「邊地多白草，昭君塚獨青。」納蘭性德（一六五五—一六八五）蝶戀花出塞詞：「從前幽怨應無數，鐵馬金戈，青塚黃昏路。」

九五、飽飫烹宰，飢饜糟糠

第七十七回：「（賈寶玉）心下暗道：『往常那樣好茶，他尚有不如意之處；今日這樣。看來，可知古人說的飽飫烹宰，飢饜糟糠，又道是飯飽弄粥，可見都不錯了。』……」

語本韓非子五蠹：「故糟糠不飽者不務粱肉，短褐不完者不待文繡。夫治世之事，急者不得，則緩者非所務也。」又，南朝梁周興嗣（？—五二一）千字文：「飽厭烹宰，飢飫糟糠。」蔣守誠注：「此言飲食貴及時也。飽食之人，雖烹魚蝦、宰雞豚，無羨其美；飢餓之夫，雖食酒糟喫穀皮，可充其腹。」飫，ㄩ。「厭」，通「饜」，ㄧㄢˋ。

九六、蒹葭倚玉之嘆

第七十八回：「……偏又娶了個多情美色之妻，見他不顧身命，不知風月，一味死吃酒，便不免有蒹葭倚玉之嘆，紅顏寂寞之悲。」

典出世說新語容止：「魏明帝使后弟毛曾與夏侯玄共坐，時人謂蒹葭倚玉樹。」蒹（ㄐㄧㄢ）、葭（ㄐㄧㄚ），均屬低賤水草。此處，蒹葭，隱射毛曾；玉樹，暗指夏侯玄。謂二人面貌甚不相稱，竟坐在一起。「蒹葭玉樹」、「蒹葭倚玉」義同；有時亦作謙詞用。引文中採此典，係暗喻潦倒好酒之徒偏娶多情美色之姑娘，殊不配對也。

九七、黃巾赤眉

第七十八回：「賈政道：『誰知次年便有黃巾、赤眉一干流賊餘黨復又烏合，搶掠山左一帶。……』」

黃巾，東漢末年之亂（公元一八四年春夏之交至季冬；部分地區甚且長達卅餘年）。赤眉，新莽時期民變（公元廿二至廿七年）。在此，黃巾赤眉連用，係指民眾武裝起事。後漢書皇甫嵩傳：「（張）角等知事已露，晨夜馳勑諸方，一時俱起，皆着黃巾為標幟，時人謂之『黃巾』。」榮按：張角（？—一八四）東漢鉅鹿（今河北平鄉西南）人。初，奉事黃老，依太平經創太平道，自稱大賢良師。後以符水呪說治病為名，發展徒眾。十餘年間，聚眾至數十萬，遍及青、徐、幽、冀、荊、揚、兗、豫八州。分三十六方，大方萬餘，小方六七千，各立渠帥。靈帝中平元年（一八四），宣稱「蒼天已死，黃天當立，歲在甲子，天下大吉。」約于甲子日（三月五日）卅六方同時起事。因叛徒告密，事泄，遂提前舉事。自號天公將軍，攻郡縣，殺官吏，遠近響應。亂軍皆着黃巾為標幟，故稱黃巾。與弟張梁率主力擊敗北中郎將盧植、東中郎將董卓所部、旋病亡。後為皇甫嵩剖棺戮屍。部分徒眾持續為亂，有長達卅餘年者。漢書王莽傳下：「赤眉樊崇等眾數十萬人入關，立劉盆子，稱尊號。」東觀漢記赤眉：「琅邪人樊崇，字細君，起兵于莒。同郡東莞人逢安，……各起兵數萬人。崇欲與王莽戰，恐其眾與莽兵亂，乃皆朱其眉，以相識別，由是號曰赤眉。」（卷廿三）。榮按：樊崇（？—二七）。天鳳五年（一八）於莒縣

（今屬山東）舉事，成昌（今山東東平西）一役，大破莽軍。建武元年（二五）九月入長安，十二月殺劉玄（更始）。三年（二七）正月，劉秀所部馮異等大破赤眉於新安（今河南澠池東）、宜陽（今屬河南），崇降；旋擬再起，被殺。

九八、作俑

第七十八回：「（賈寶玉）想了一想，『……況且古人多有微詞，非自我今作俑也。……何必若世俗之拘拘於方寸之間哉。』……」

孟子梁惠王上：「仲尼曰：『始作俑者，其無後乎！』為其象人而用之也。……」俑，ㄩㄥˇ。古，木製或陶製之偶人，用以殉葬。禮記檀弓上：「孔子謂為芻靈者善，謂為俑者不仁，殆於用人手哉。」鄭玄注：「俑，偶人也，有面目機發，有似於生人。」作俑，本謂製作用于殉葬之偶人（即偶像），後因稱創始或者開先例。多用于貶義。北宋蘇軾（一〇三六—一一〇一）上文侍中論榷鹽書：「……且禍莫大於作始，作俑之漸，至於用人。」清高其倬（一六七六—一七四〇）古北口詩：「作俑趙與秦，流弊及明末。」

九九、河東獅、中山狼

第七十九回回目：「薛文龍悔娶河東獅，賈迎春誤嫁中山狼。」

典出南宋洪邁（一一二三—一二〇二）容齋三筆陳季常：「陳慥字季常，……自稱龍邱先生，又曰方山子。好賓客，喜畜聲妓。然其妻柳氏絕兇妬，故東坡有詩云：『龍邱居士亦可憐，談空說有夜不眠。忽聞河東師子吼，拄杖落手心茫然。』河東師子指柳氏也。」柳，古大姓，郡望河東。今山西省境內、黃河以東之區域，昔稱河東。秦漢置河東郡、唐置河東道，宋置河東路，治所屢遷。河東恆用以代稱柳氏。按：中土不產獅。東觀漢記敬宗孝順皇帝：「（陽嘉）二年，……疏勒國王盤遣使文時詣闕，獻師子、封牛。」（卷三）。獅，學名 **Panthera leo.**。哺乳綱、食肉目、貓科。原產于非州與亞洲西部。梵語 **simha** 音譯，古多作「師」、「師子」，後添犬旁為義符。獅子吼，為佛門典故。佛陀被稱「人中師子」。大智度論卷八：「又如師子，四足獸中，獨步無畏，能伏一切。佛亦如是，于九十六種外道中，一切降伏，故名人師子。」獅吼既響又遠，懾伏一切。過去現在因果經卷一：「太子（按指釋迦牟尼出家前）生時，一手指天，一手指地，作大師子吼云：『天上天下，唯我獨尊。』」景德傳燈錄卷一七佛：「普耀經云：『佛初生剎利王家，放大智光明，照十方世界，地湧金蓮華，自然捧雙足。東西及南北各行於步，分手指天地，作師子吼聲，上下及四維，無能尊我者。』……」高僧說法，亦稱師子吼（五燈會元、卷九）。河東獅吼，寓意大殊。單取其音量而言。善妒婦兇悍，爭風吃醋，往往惡罵之聲，既響且遠，若獅吼也。明馬中錫（一四四六—一五一二）中山狼傳略以：趙簡子於中山行獵，一狼中矢逃命，東郭先生救之。既而，狼反欲食東郭先生。後人遂以「中山狼」喻恩將仇報，毫無良心、忘恩負義之徒。清和邦額（？—？）夜譚隨錄王侃：「（女子）笑謂王曰：『得無以中山狼見目耶？』」紅樓夢第五回：「其書曰：『子係中山狼，得志便猖狂。金閨花柳質，一載赴黃粱。』」又，第七十九回回目所稱「中山狼」，係指孫紹祖言。中山狼亦省作「中山」。清蔣士詮（一七二五—一七八五）桂林霜完忠：「不思報再造之洪恩，轉欲肆中山之反噬。」按：中山，在今河北省定、唐等縣一帶。周時為諸侯國名。春秋白狄別族之鮮虞地，戰國時為中山國，趙武靈王滅之；詳史記趙世家。

一〇〇、曹娥碑

第七十九回：「（林黛玉）口內說道：『好新奇的祭文，可與曹娥碑並傳的了。』」

後漢書列女傳：「孝女曹娥，會稽上虞人也。父盱，能絃歌，為巫祝。漢安二年五月五日，於縣江泝濤婆娑〔迎〕神，溺死，不得屍骸。娥年十四，乃沿江號哭，晝夜不絕聲，旬有七日，遂投江而死。至元嘉元年，縣長度尚改葬娥於江南道傍，為立碑焉。」榮按：曹娥（一三〇—一四三）。上虞，今浙江省上虞縣。漢安二年（公元一四三年），元嘉元年（公元一五〇年）。曹娥碑作者邯鄲淳（？—？，東漢、三國間人）。原碑久佚，今有東晉升平二年（三五八年）小楷本與北宋元祐八年（一〇九三）蔡卞行書碑傳世。

附曹娥碑全文

孝女曹娥者，上虞曹盱之女也。其先與周同祖，末冑荒流，爰茲適居。盱能撫節按歌，婆娑樂神。以漢安二年五月，時迎伍君，逆濤而上，為水所淹，不得其屍。時娥年十四，號慕思盱，哀吟澤畔，旬有七日，遂自投江死。經五日，抱父屍出。以漢安迄于元嘉元年，青龍在辛卯，莫之有表，度尚設祭誄之。辭曰：

鬱伊孝女，曄曄之姿。偏其反而，令色孔儀。窈窕淑女，巧笑倩兮。宜其家室，在洽之陽。大禮未施，嗟喪慈父。彼蒼伊何，無父孰怙。訴神告哀，赴江永號。視死如歸，是以眇然輕絕。投入沙泥，翩翩孝女。載沉載浮，或泊洲渚。或在中流，或趨湍瀨。或逐波濤，千夫失聲。悼痛萬餘，觀者填道。雲集路衢，泣淚掩涕，驚慟國都。是以哀姜哭市，杞崩城隅。或有剋面引鏡，剺耳用刀。坐臺待水，抱樹而燒。於戲孝女，德茂此儔。何者大國，防禮自修。豈況庶賤，露屋草茅，不扶自直，不鏤自雕。越梁過宋，比之有殊。哀此貞厲，千載不渝。嗚呼哀哉！辭曰：名勒金石，質之乾坤。歲數歷祀，立廟起墳。光于后土，顯昭天人。生賤死貴，利之義門。何悵華落，飄零早分。葩艷窈窕，永世配神。若堯二女，爲湘夫人。時效髣髴，以昭後昆。（漢議郎蔡邕聞之來觀，夜闇，以手摸其文而讀之，邕題文云：「黃絹幼婦，外孫𦥑臼。」）

一〇一、宋太祖滅南唐

第七十九回：「……況且見薛蟠氣質剛硬，舉止驕奢，若不趁熱灶一氣炮製熟爛，將來必不能自豎旗幟矣；又見有香菱這等一個才貌俱全的愛妾在室，越發添了『宋太祖滅南唐之意』，……」

典出南宋李燾（一一一五—一一八四）續資治通鑑長編宋太祖紀：「開寶八年，宋伐江南，徐鉉入奏乞緩兵。上曰：『江南亦有何罪？但天下一家，臥榻之側，豈容他人鼾睡乎？』」又，曾慥（？—一一五五）類說卷五三引北宋楊億（九七四—一〇二〇）談苑：「開寶中，王師圍金陵，李後主遣徐鉉入朝，對於便殿，懇述江南事大之禮甚恭，徒以被病，未任朝謁，非敢拒詔。太祖曰：『不須多言，江南有何罪？但天下一家，臥榻之側，豈可許他人鼾睡？』」後恆以此典喻本身之勢力範圍或利益不容他人侵占。「鼾」亦作「酣」。臥榻之側，喻距離甚近或於己之勢力範圍內也。「臥榻之側，豈容鼾睡」，一作「臥榻之側，豈容酣睡」，省作「臥榻豈容鼾（酣）睡」。清蒲松齡（一六四〇—一七一五）聊齋志異鳳仙女：「（劉赤水）心知其狐，亦不恐。入而叱曰：『臥榻豈容酣睡。』」

一〇二、臥榻之側，豈容他人酣睡

第七十六回：「你可知宋太祖說的好：『臥榻之側，豈容他人酣睡？』他們不來，咱們兩個竟聯起句來，明日著他們一羞！」

第七十九回：「況且見薛蟠氣質剛硬，舉止驕奢，……越發添了……『臥榻之側，豈容他人酣睡』之心。……」

典源詳宋太祖滅南唐，茲從略。

一〇三、一日三秋

第八十二回：「（賈）寶玉道：『……好容易熬了一天，這會子瞧見你們，竟如死而復生的一樣，真真古人說一日三秋，這話再不錯的。』」

典出詩王風采葛：「彼采蕭兮，一日不見，如三秋兮。」孔穎達疏：「年有四時，時皆三月，三秋謂九月也。」後人以「一日三秋」形容對人思念殷切。南朝梁何遜（四七二？—五一九？）為衡山侯與婦書：「路邇人遐，音塵寂絕，一日三秋，不足為喻。」南宋劉過（一一五四—一二〇六）沁園春詠別詞：「一別三年，一日三秋，庶幾見之。」清李漁（一六一〇—一六八〇）蜃中樓怒遣：「你去了這幾日，就像去了幾年的一般，剛含著那一日三秋，書本上的真情活。」

一〇四、代聖賢立言

第八十二回：「（賈）寶玉接著說道：『還提什麼念書，我最討厭這些道學話。更可笑的是八股文章，拿他誆功名混飯吃也罷了，還要說代聖賢立言。』……」

為孔孟程朱著書立說曰代聖賢立言。左傳襄公廿四年：「大上有立德，其次有立功，其次有立言，雖久不廢，此之謂不朽。」立言，始終為昔日士人念茲在茲之生涯理想。唯大體恆以「述而不作」①。「書不經非書、言不經非言」②為原則。隋開皇間首創開科取士之制，掄才公開、公平、公正，布衣得躋身為卿相。有唐採多元掄才，詩賦並重，明經、明法、明字、明算……兼顧，至兩宋漸次獨鍾經義論策，明清復限以四書命題、成化閒且規定試文格式④，即俗所謂八股，循致考生為博青衿，竟本末倒置，一味專注時文，唯講求模擬，「止記其可以出題之篇及此數十題之文」⑤，「天下之士靡然從風，而本經亦可不讀矣！」⑥僥倖投機之習滋長、節抄剽盜之風益盛；學校固夙已淪為科舉之附庸，而取材之美意亦已盡失，「八股之害等於焚書」⑦。「學術由此而衰，心術由此而壞。」⑧「代聖賢立言」遂成「思想窒錮」之同義言，而「秀才」一變而為「學究」矣。賈寶玉取「代聖賢立言」之典以暗諷當時汲汲於功名之諸士子也。

附注

①論語述而。
②西漢揚雄（前五三—一八）法言問神。
③公元五九八年。隋書高祖紀下：「（文帝開皇）十八年七月，詔京官五品以上、總管、刺史，以志行修瑾、清平幹濟二科舉人。」
④公元一四八七年、成化二十三年。
⑤清顧炎武（一六一三—一六八二）日知錄卷一六、擬題。
⑥同⑤。
⑦同⑤。
⑧同前揭書卷一六、三場。

一〇五、後生可畏

第八十二回：「到了下晚，（賈）代儒道：『寶玉，有一章書你來講講。』寶玉過來一看，卻是『後生可畏』章。」

語出論語子罕：「子曰：『後生可畏，焉知來者之不如今也。四十五十而無聞焉，斯亦不足畏也已！』」後生，今語謂青年。畏，敬也。敬服也。禮記曲禮上：「賢者狎而敬之，畏而愛之，……」鄭注：「心服曰畏。」青年之可畏，以渠等年富力強，進德修業，未可限量，大有後來居上之希望也。倘渠等不能及時努力，至四十、五十之齡，尚無學問、道德等之聲聞，則正是所謂「小時了了，大未必佳」自亦不足畏也。

一〇六、臨文不諱

第八十二回：「（賈）代儒覺得了，笑了一笑道：『你只管說，講書是沒有什麼避忌的。禮記上說臨文不諱，只管說，……』」

典出禮記曲禮上：「詩書不諱，臨文不諱，廟中不諱。夫人之諱，雖質君之前，臣不諱也。」不諱，謂不須避忌尊長的名字。舊時，對尊長應避忌其名字，且不得有不妥之言；唯講解經義、作文章等得不受此限。

一〇七、假周勃以安劉

第八十三回：「王大夫笑道：『二爺但知柴胡是升提之品，為吐衄所忌。……所以內經說：通因通用，塞因塞用。柴胡用鼈血拌炒，正是假周勃以安劉的法子。』……」

典出漢書張陳王周傳贊：「周勃為布衣時，鄙樸庸人，至登輔佐，匡國家難，誅諸呂，立孝文，為漢伊周，何其盛也！始，呂后問宰相，高祖曰：『陳平智有餘，王陵少戇，可以佐之；安劉氏者必勃也。』……」榮按：周勃（？—前一六九）秦末沛（今江蘇沛縣）人。初以織薄曲為生，常吹簫給喪事。二世元年（前二〇九），以中涓從劉邦起事。入咸陽，賜爵威武侯。至漢中，拜為將軍。還定三秦，賜食邑懷德。劉邦稱帝後，封為絳侯。以將軍從高祖擊韓王信于代。後擊陳豨，定代郡。以相國代樊噲將，追擊盧綰至長城。渠為人敦厚少文，高祖以為可屬大事。惠帝六年（前一八九）為太尉。呂后卒，與陳平、朱虛侯章盡誅呂氏，迎立文帝，為右丞相。後懼威震主上，亦不堪政事，謝歸相印。陳平卒，復為相，旋免相就國。歲餘，遭告發謀反，下獄；後赦免，復就國。卒謚武侯。（詳史記卷五九、漢書卷四〇）假，ㄐㄧㄚˇ。借也。禮記王制：「大夫祭器不假，祭器未成，不造燕器。」安，猶穩固也。西漢劉向（前七七—前六）列女傳齊孤逐女：「夫柱不正，則棟不安；棟不安，則榱橑墮，則屋幾覆矣。」

一〇八、龍目

第八十三回：「鳳姐正要站起來回奏，只見一個宮女傳進許多職名，請娘娘龍目。元妃看時，就是賈赦、賈政等若干人。」

龍目，猶云御覽。本專用於帝王，後亦兼及后妃。目，作動詞用，視也；注視也。上古以君權得之神授，故稱帝王曰天子。詩大雅江漢：「明明天子，令聞不已。」又，常武：「徐方既同，天子之功。」禮記曲禮下：「君天下曰天子。朝諸侯，分職授政任功，曰予一人。」史記五帝本紀：「於是，帝堯老，命舜攝行天子之政，以觀天命。」君主既為天之子，故僉信其乃（神）龍之後，因以「龍」喻帝王。廣雅釋詁：「龍，君也。」易乾：「九五，飛龍在天，利見大人。」疏：「飛龍在天，猶聖人之在王位。」史記晉世家：「……乃懸書宮門曰：『龍欲上天，五蛇為輔。……』」索隱：「龍，喻重耳。五蛇即五臣：狐偃、趙衰、魏武子、司空季子及（介）子推也。」呂氏春秋介立：「晉文公反國，介子推不肎受賞，自為賦詩曰：『有龍于飛，周徧天下，五蛇從之，為之丞輔。龍反其鄉，得其處所，四蛇從之，得其露雨。』高誘注：「龍，君也，以喻文公。」東漢王充（二七—？）論衡紀妖：「祖龍死，謂始皇也。祖，人之本；龍，人君之象也。」龍為鱗蟲之長，與麟、鳳、龜合稱四靈。典籍所載，間近虛玄。管子水地：「龍生於水，被五色而游故神。欲小則化為蠶蠋，欲大則藏於天下，欲上則凌於雲氣，欲下則入於深泉，變化無日，上下無時，謂之神。」說苑辨物：「神龍能為高、能為下，能為大、能為小，能為幽、能為明，能為短、能為長。」晉劉琬（？—？）神龍賦：「大哉！龍之為德，變化屈伸。隱則黃泉，出則升雲，賢聖其似之乎！惟天神上帝之馬，含胎春夏，房心所作。軒轅照形，角尾規矩。」（御定歷代賦彙卷一三七）。補史記三皇本紀：「炎帝神農姜姓，母曰女登，有媧氏之女，為少典妃，感神龍而生炎帝。」史記高祖本紀：「……其先，劉媼嘗息大澤之陂，夢與神遇。是時，雷電晦冥，太公往視，則見蛟龍於其上，已而有身，遂產高祖。」

一〇九、不稂不莠

第八十四回：「賈政道：『老太太吩咐的很是。但只一件，姑娘也要好，第一要他自己學好才好，不然不稂不莠的，反而耽誤了人家的女孩兒，豈不可惜。』……」

語出詩小雅大田：「既方既皁，既堅既好。不稂不莠，去其螟螣①。及其蟊賊②，無害我田穉③。」稂，ㄌㄤˊ。童粱。即禾穀僅生穗而不能結實。莠，ㄧㄡˋ。似苗，形近禾穀之害草。皆害苗之草也。不稂不莠，本義謂田中無野草之害。後以喻不成材或沒出息。明畢萬（？—？）竹葉舟收秀：「一身無室無家，半世不稂不莠。」又，明有俗語「不郎不秀」，謂不高不下之意。明田藝蘅（一五二六？—？）留青日札沈萬三秀：「元時稱人以郎、官、秀為等第，至今人之鄙人曰不郎不秀，是言不高不下也。」亦用以喻不成材或沒出息，附誌之。

①ㄇㄥˊ ㄊㄜˋ。吃禾稼的害蟲。食心曰螟，食葉曰螣。（傳）

②ㄇㄡˊ ㄗㄟˊ。吃禾稼的害蟲。食根曰蟊、食節曰賊。（傳）

③ㄊㄢˊ ㄓˋ。農田裏的幼苗。穉，同「穉」、「稚」。幼苗。詩魯頌閟宮：「黍稷重穋，稙穉菽麥。」傳：「先種曰稙，後種曰穉。」穋，ㄌㄨˋ。同「稑」。稙，ㄓˊ。

一一〇、德容功貌

第八十四回：「王爾調陪笑道：『也是晚生的相與，做過南韶道的張大老爺家有一位小姐，說是生得德容功貌俱全，此時尚未受聘。……』……」

本作「德言功容」，又作「德言工容」、「德言工貌」、「德言容功」、「德容言功」。指婦德、婦言、婦功（工）、婦容。古，我國社會要求婦女之四種德行，又稱「四德」、「四行」。語本禮記昏義：「是以古者婦女先嫁三月，……教以婦德、婦言、婦容、婦功。……」又，周禮天官：「九嬪掌婦學之法，以教九御。婦德、婦言、婦容、婦功，各帥其屬。」鄭玄注：「婦德，貞順也；婦言，辭令也；婦容，婉娩也；婦功，絲麻也。」後漢書列女傳：「扶風曹世叔妻者，同郡班彪之女也，名昭，字惠班，一名姬。博學高才。世叔早卒，有節行法度。……作女誡七篇，有助內訓。其辭曰：『……婦行第四：女有四行，一曰婦德，二曰婦言，三曰婦容，四曰婦功。夫云婦德，不必才明絕異也；婦言，不必辯口利辭也；婦容，不必顏色美麗也；婦功，不必工巧過人也。清閑貞靜，守節整齊，行己有恥，動靜有法，是謂婦德。擇辭而說，不道惡語，時然後言，不厭於人，是謂婦言。盥浣塵穢，服飾鮮絜，沐浴以時，身不垢辱，是謂婦容。專心紡績，不好戲笑，絜齊酒食，以奉賓客，是謂婦功。此四者，女人之大德，而不可乏之者也。然為之甚易，唯在存心耳。古人有言：仁遠乎哉？我欲仁，而斯仁至矣。此之謂也。』

一一一、相敬如賓

第八十五回：「鳳姐在地下站著笑道：『你兩個那裏像天天在一處的，倒是像客一般，有這些套話，可是人說的相敬如賓了。』說的大家一笑。」

典出左傳僖公卅三年：「臼季使，過冀，見冀缺耨，其妻饁之，敬，相待如賓。」謂彼此相處如待賓客，形容夫妻互相尊敬。「相敬如賓」本作「相待如賓」，亦作「相莊如賓」。後漢書逸民傳龐公：「居峴山之南，未嘗入城府。夫妻相敬如賓。」清余懷（一六一六—一六九五）板橋雜記麗品：「苟兒心之所好，雖相莊如賓，性與之洽也。」

一一二、師曠鼓琴能來風雷龍鳳

第八十六回：「究竟怎麼彈得好，實在也難。書上說師曠鼓琴能來風雷龍鳳；……」

韓非子十過：「（平）公曰：『清徵可得而聞乎？』師曠曰：『不可。……』平公曰：『寡人之所好者音也，願試聽之。』師曠不得已，援琴而鼓：一奏之，有玄鶴二八道南方來，集於廊門之上危；再奏之，成行而列；三奏之，延頸而鳴，舒翼而舞，音中宮商之聲，聲聞於天。平公大說，……反坐而問曰：『音莫悲於清徵乎？』師曠曰：『不如清角。』平公曰：『清角可得而聞乎？』師曠曰：『不可。……』平公曰：『寡人老矣，所好者音也，願遂聽之。』師曠不得已而鼓之：一奏，有玄雲從西北方起；再奏之，大風至，大雨隨之，裂帷幕，破俎豆，隳廊瓦，坐者散走。平公恐懼，伏於廊室之間。晉國大旱，赤地三年……』」榮按：師曠，字子野。春秋晉樂師。目盲，善鼓琴，精于辨音。晉平公鑄大鐘，眾樂工皆以為合乎音律，獨師曠不以為然，嗣經師涓審度，果不合音律。其生卒年月均待考。晉平公，姓姬名彪，公元前五五七至前五三二年在位。

一一三、孔聖人尚學琴於師襄，一操便知其為文王

第八十六回：「書上說的……，孔聖人尚學琴於師襄，一操便知其為文王；……」

孔聖人，對孔子之暱稱。史記孔子世家：「孔子學鼓琴（于）師襄子，十日不進。師襄子曰：『可以益矣。』孔子曰：『丘已習其曲矣，未得其數也。』有間，曰：『已習其數，可以益矣。』孔子曰：『丘未得其志也。』有間，曰：『有所穆然深思焉，有所怡然高望而遠志焉。』曰：『丘得其為人，黯然而黑，幾然而長。眼如望羊，心如王四國，非文王其誰能為此也。』師襄子辟席再拜曰：『師蓋云文王操也。』」榮按：師襄子即師襄，春秋衛樂師，生平事蹟待考。

一一四、高山流水，得遇知音

第八十六回：「書上說的……，高山流水，得遇知音。」

典出列子湯問：「伯牙善鼓琴，鍾子期善聽。伯牙鼓琴，志在高山。鍾子期曰：『善哉！峨峨兮若泰山。』志在流水，鍾子期曰：『善哉！洋洋兮若江河。』」呂氏春秋本味：「伯牙鼓琴，鍾子期聽之。方鼓琴而志在太山，鍾子期曰：『善哉乎鼓琴，巍巍乎若太山。』少選之間，而志在流水，鍾子期又曰：『善哉乎鼓琴，湯湯乎若流水。』鍾子期死，伯牙破琴絕弦，終身不復鼓琴，以為世無足復為鼓琴者。」說苑尊賢：「伯牙子鼓琴，鍾子期聽之。方鼓而志在太山，鍾子期曰：『善哉乎鼓琴，巍巍乎若太山。』少選之間，而志在流水，鍾子期曰：『善哉乎鼓琴，湯湯乎若流水。』鍾子期死，伯牙破琴絕絃，終身不復鼓琴，以為世無足為鼓琴者。」後世恆以「高山流水」指知音。此典或用以形容琴曲高妙，亦用以指心意相通之知音。北宋王安石（一〇二一—一〇八六）次韻和張仲通見寄三絕句之一：「高山流水意無窮，三尺空絃膝上桐。」金董解元（？—？，章宗時人）西廂記諸宮調卷四：「不是秦箏合眾聽，高山流水少知音。」元金仁傑（？—一三二九）進韓信第一折：「嘆良金美玉何人曉，恨高山流水知音少。」清袁于令（一五九二—一六七四）西樓記病晤：「清商繞畫梁，一聲一字，萬種悠揚，高山流水相傾賞。」

一一五、惺惺惜惺惺

第八十七回：「（林）黛玉看了，不勝傷感。又想：『寶姐姐不寄與別人，單寄與我，也是惺惺惜惺惺的意思。』正在沉吟，……」

景德傳燈錄慧忠國師：「師喚童子來，摩頂曰：『惺惺直然惺惺，歷歷直然歷歷，已後莫受人謾。』」惺惺，聰明機警之人。直然，猶分明也。惺惺惜惺惺，意謂性格、才能或境遇相同者，彼此愛惜、同情。元關漢卿（？—？，約卒於大德間）普天樂崔張十六事曲：「遇著風流知音性，惺惺的偏惜惺惺。」清錢謙益（一五八二—一六六四）答鳳督馬瑤草書：「語云『惺惺惜惺惺』，知仁兄必惻然隱痛，不以狂瞽而吐棄之也。」

一一六、蛇影杯弓

第八十九回回目：「人亡物在公子填詞，蛇影杯弓顰卿絕粒。」

東漢應劭（？—二〇四前）風俗通義世間多有見怪驚怖以自傷者：「……予之祖父郴為汲令，以夏至日見主簿杜宣因賜酒時，北壁上有懸赤弩，照於杯，形如蛇。宣畏惡之，然不敢不飲。其日，便得胸腹痛，切妨損飲食，大用羸露，攻治萬端不為愈。後，郴因事過宣家闚視，問其變故，云：『畏此蛇，蛇入腹中。』郴還聽事，思惟良久，顧見懸弩，曰：『必是也。』……

載宣於故處，設酒，盃中故復有蛇。因謂宣此壁上弩影耳，非有他怪。宣遂解，甚夷懌，由是瘳平。……」又，晉書樂廣傳：「嘗有親客，久闊不復來，廣問其故，答曰：『前在坐，蒙賜酒，方欲飲，見杯中有蛇，意甚惡之，既飲得疾。』于時，河南聽事壁上有角，漆畫作蛇，廣意杯中蛇即角影也。復置酒於前處，謂客曰：『酒中復有所見不？』答曰：『所見如初。』廣乃告其所以，客豁然意解，沈痾頓愈。」後因以杯弓蛇影喻疑神疑鬼，自相驚擾。清紀昀（一七二四—一八〇五）閱微草堂筆記如是我聞四：「況杯弓蛇影，恍惚無憑，而點綴鋪張，宛如目睹。」亦省作「杯蛇」。明歸有光（一五〇六—一五七一）與徐子書：「以彼機穽可畏，不勝杯蛇之疑。」

一一七、任憑弱水三千，我只取一瓢飲

第九十一回：「（賈）寶玉呆了半晌，忽然大笑道：『任憑弱水三千，我只取一瓢飲。』（林）黛玉道：『瓢之漂水奈何？』……」

海內十洲記鳳麟洲：「鳳麟洲在西海之中央，地方一千五百里，州四面有弱水繞之，鴻毛不浮，不可越也。」北宋蘇軾（一〇三六—一一〇一）金山妙高臺詩：「蓬萊不可到，弱水三萬里。」弱水意謂險惡難渡之河海也。三千，喻其多也。論語雍也：「子曰：『賢哉！回也。一簞食，一瓢飲，在陋巷，人不堪其憂；回也不改其樂。賢哉！回也。』」瓢，ㄆㄧㄠˊ；盛水之器，以瓠瓜為之。一瓢飲，猶今語一杯水。

一一八、姜后脫簪待罪

第九十二回：「（賈）寶玉道：『那文王后妃是不必說了，想來是知道的。那姜后脫簪待罪。……』」

典出西漢劉向（前七七—前六）列女傳卷二：「周宣姜后者，齊侯之女也。賢而有德，事非禮不言，行非禮不動。宣王嘗早臥晏起，后夫人不出房，姜后脫簪珥，待罪於永巷。使其傅母通言於王，曰：『妾不才，妾之淫心見矣。使君王失禮而晏朝，以見君王樂色而忘德也。夫苟樂色，必好奢窮，欲亂之所興也。原亂之興，從婢子起，敢請婢子之罪。』王曰：『寡人不德，實自生過，非夫人之罪也。』遂復姜后而勤於政事，早朝晏退，卒成中興之名。」

一一九、無鹽雖醜，能安邦定國

第九十二回：「（賈）寶玉道：『那文王后妃是不必說了，想來是知道的。那姜后脫簪待罪，齊國的無鹽雖醜，能安邦定國，……。』」

典出西漢劉向（前七七—前六）列女傳卷六：「鍾離春者，齊無鹽邑之女，（齊）宣王之正后也。其為人極醜無雙，臼頭、深目、長壯，大節卬鼻、結喉、肥項，少髮、折腰，出胸、皮膚若漆。行年四十，無所容入，衒嫁不讎，流棄莫執。於是，乃拂拭短褐，自詣宣王。謂謁者曰：

『妾，齊之不讎女也。聞君王之聖德，願備後宮之埽除，頓首司馬門外。唯王幸許之。』謁者以聞。宣王方置酒於漸臺，左右聞之，莫不掩口大笑，曰：「此天下強顏女子也，豈不異哉？」於是，宣王乃召見之，謂曰：『昔者，先王為寡人娶妃匹，皆已備有列位矣。今夫人不容於鄉里，布衣而欲干萬乘之主，亦有何奇能哉？』……明日，又更召而問之，不以隱對，但揚目銜齒，舉手拊膝，曰：『殆哉！殆哉！』如此者四。宣王曰：『願遂聞命。』鍾離春對曰：『今大王之君國也，西有衡秦之患，南有強楚之讎，外有二國之難，內聚姦臣、眾人不附。……此一殆也。漸臺五重，……萬民罷極，此二殆也。賢者匿於山林，諂諛強於左右，……此三殆也。飲酒沉湎，……內不秉國家之治，此四殆也。故曰殆哉！殆哉！』於是，宣王喟然而嘆曰：『痛乎！無鹽君之言，乃今一聞。』於是，拆漸臺、罷女樂、退諂諛、……實府庫、四辟公門、……拜無鹽君為后；而齊國大安者，醜女之力也。……』

一二〇、荊釵布裙

第九十二回：「（賈）寶玉道：『那文王后妃是不必說了，想來是知道的。……孟光的荊釵布裙，……』」

典源詳「賤荊」一則，茲從略。

一二二、提甕出汲

第九十二回：「（賈）寶玉道：『那文王后妃是不必說了，想來是知道的。……鮑宣妻的提甕出汲，……。』」

東觀漢記卷二二：「鮑宣之妻，桓氏女也，字少君。宣嘗就少君父學，父奇其清苦，以女妻之，裝送甚盛。宣不悅，謂妻曰：『少君生而驕富，習美飾，而吾貧賤，不敢當禮。』妻曰：『大人以先生修德守約，故使賤妾侍執巾櫛。既奉君子，惟命是從。』妻乃悉歸侍御服飾，更著短布裳，與宣共挽鹿車，歸鄉里拜姑。禮畢，提甕出汲，修行婦道，鄉邦稱之。」又，後漢書列女傳鮑宣妻：「勃海鮑宣妻者，桓氏之女也，字少君。宣嘗就少君父學，父奇其清苦，故以女妻之，裝送資賄甚盛。宣不悅，……妻乃悉歸侍御服飾，……拜姑禮畢，提甕出汲，修行婦道，鄉邦稱之。」二者文字大同小異，蓋南朝宋范曄（三九八—四五五）係取材東觀漢記而撰成後漢書也。甕，ㄨㄥˋ。一稱缶（ㄈㄡˇ）；又稱罌（ㄧㄥ）。口小腹大之瓦器，用以汲水。汲，ㄐㄧˊ。取水於井。

一二三、截髮留賓

第九十二回：「（賈）寶玉道：『那文王后妃是不必說了，想來是知道的。……陶侃母的截髮留賓，……。』」

典出晉書列女傳：「陶侃母湛氏，豫章新淦人也。初，侃父丹娉為妾，生侃，而陶氏貧賤，湛氏每紡績資給之，使交結勝己。侃少為尋陽縣吏，嘗監魚梁，以一坩鮓遺母。湛氏封鮓及書，責侃曰：『爾為吏，以官物遺我，非惟不能益吾，乃以增吾憂矣。』鄱陽孝廉范逵寓宿於侃，時大雪，湛氏乃徹所臥新薦，自剉給其馬，又密截髮賣與鄰人，供肴饌。逵聞之，歎息曰：『非此母不生此子！』侃竟以功名顯。」

一二三、畫荻教子

第九十二回：「（賈）寶玉道：『那文王后妃是不必說了，想來是知道的。……還有畫荻教子，這是不厭貧的。……』」

典出宋史歐陽修傳：「歐陽修，字永叔，廬陵人。四歲而孤，母鄭，守節自誓，親誨之學，家貧，至以荻畫地學書。幼敏悟過人，讀書輒成誦。及冠，嶷然有聲。」

一二四、破鏡重圓

第九十二回：「（賈）寶玉道：……『那苦的裏頭，有樂昌公主破鏡重圓，……。』」

典出唐孟棨（？—？約元和長慶間人）本事詩情感：「陳太子舍人徐德言之妻，後主叔寶之妹，封樂昌公主，才色冠絕。時陳政方亂，德言知不相保，謂其妻曰：『以君之才容，國亡必入權豪之家，斯永絕矣。儻情緣未斷，猶冀相見，宜有以信之。』乃破一鏡，人執其半，約曰：『他日必以正月望日賣於都市，我當在，即以是日訪之。』及陳亡，其妻果入越公楊素之家，寵嬖殊厚。德言流離辛苦，僅能至京，遂以正月望日訪於都市。有蒼頭賣半鏡者，大高其價，人皆笑之。德言直引至其居，設食，具言其故，出半鏡以合之，仍題詩曰：『鏡與人俱去，鏡歸人不歸。無復嫦娥影，空留明月輝。』陳氏得詩，涕泣不食。素知之，愴然改容，即召德言，還其妻，仍厚遺之。聞者無不感歎。仍與德言、陳氏偕飲，令陳氏為詩，曰：『今日何遷次，新官對舊官。笑啼俱不敢，方驗作人難。』遂與德言歸江南，竟以終老。」（歷代詩話續編上、丁福保輯）。北宋蘇軾（一〇三六—一一〇一）蝶戀花佳人詞：「破鏡重圓人在否？章臺折盡青青柳。」明賈仲名（一三四三—？）對玉梳第四折：「果然似樂昌般破鏡重圓，抵多少配上瓊簪，接上冰絃。」榮按：第七十八回賈寶玉悼祭晴雯所撰芙蓉女兒誄有「鏡分鸞別，愁開麝月之奩」，句中「鏡分」一詞，即用「破鏡重圓」之典故，附誌之。

一二五、迴文感主

第九十二回：「（賈）寶玉道：『……那苦的裏頭，有……，蘇蕙的迴文感主。……』」

典出南朝梁江淹（四四四—五〇五）別賦：「織錦曲兮泣已盡，迴文詩兮影獨傷。」李善注：「織錦迴文詩序曰：『竇韜秦州被徙沙漠，其妻蘇氏。秦州臨去別蘇，誓不更娶；至沙漠便娶婦。蘇氏織錦端中作此迴文詩以贈之。』」查織錦迴文詩序，昔多謂唐武后所撰；惟據四庫全書集部二璇璣圖詩讀法提要則稱「詩真而序偽」、「其文萎弱亦不類初唐文體，疑後人依託」，並斷定武序莫知所從來。（紀昀等乾隆四十六年）。晉書列女傳：「竇滔妻蘇氏，始平人也，名惠，字若蘭。善屬文。滔，苻堅時為秦州刺史，被徙流沙，蘇氏思之，織錦為迴文旋圖詩以贈滔。宛轉循環以讀之，詞甚悽惋，凡八百四十字……。」榮按：竇滔，晉書作「滔」，文選李注作「韜」。

一二六、代父從軍

第九十二回：「（賈）寶玉道：『……那孝的是更多了，木蘭代父從軍，……我也說不得許多。……』」

典出北宋郭茂倩（？—？，元豐間猶健在）樂府詩集木蘭辭：「唧唧復唧唧，木蘭當戶織。不聞機杼聲，惟聞女歎息。問女何所思，問女何所憶。女亦無所思，女亦無所憶。昨夜見軍帖，可汗大點兵。軍書十二卷，卷卷有爺名。阿爺無大兒，木蘭無長兄，願為市鞍馬，從此替爺征。……旦辭黃河去，暮至黑水頭。……萬里赴戎機，關山度若飛。……將軍百戰死，壯士十年歸。

歸來見天子，……賞賜百千彊。……願借明駝千里足，送兒還故鄉。……出門看火伴，火伴皆驚惶。同行十二年，不知木蘭是女郎。……」按：木蘭辭一稱木蘭詩。是否真有木蘭其人，仍待考，依詩句內容研判，故事應發生於北朝；為一膾炙人口之孝行故事。

一二七、投水尋父

第九十二回：「（賈）寶玉道：『那孝的是更多，……曹娥投水尋父的屍首等類也多，我也說不得多。……』」

典源與「曹娥碑」同，茲從略。

一二八、引刀割鼻

第九十二回：「（賈）寶玉道：『……那個曹氏的引刀割鼻，是魏國的故事。……』」

典出三國志魏書曹爽傳裴松之注引皇甫謐列女傳云：「爽從弟文叔，妻譙郡夏侯文寧之女，名令女。文叔早死，服闋，自以年少無子，恐家必嫁己，乃斷髮以為信。其後，家果欲嫁之，令女聞，即復以刀截兩耳，居止常依爽。及爽被誅，曹氏盡死。令女叔父上書與曹氏絕婚，彊迎令女歸。時文寧為梁相，憐其少，執義，又曹氏無遺類，冀其意沮，迺微使人諷之。令女歎且泣曰：『吾亦惟之，許之是也。』家以為信，防之少懈。令女於是竊入寢室，以刀斷鼻，蒙被而臥。其母呼與語，不應，發被視之，血流滿牀席。舉家驚惶，奔往視之，莫不酸鼻。或謂之曰：『人生世間，如輕塵棲弱草耳，何至辛苦迺爾！且夫家夷滅已盡，守此欲誰為哉？』令女曰：『聞仁者不以盛衰改節，義者不以存亡易心，曹氏前盛之時，尚欲保終，況今衰亡，何忍棄之！禽獸之行，吾豈為乎？』司馬宣王聞而嘉之，聽使乞子字養，為曹氏後，名顯于世。」榮按：曹爽（？—二四九），字昭伯，小字默。曹操族孫，父真。明帝時，以宗室仕散騎侍郎，累遷至大將軍、都督中外諸軍事、錄尚書事。受遺詔與司馬懿輔齊王芳。芳即位，加侍中，封武安侯。企圖專權，請帝發詔委懿以太傅，去其兵柄。又任諸弟掌兵侍從，以何晏、鄧颺為腹心，授之重任，權傾朝野。正始五年（二四四）出駱谷，大舉伐蜀，欲立威名，但運輸不便，為蜀軍所阻，苦戰方得脫，傷亡頗重。十年，從帝謁高平陵（洛陽城南九十里），懿假太后令，閉諸城門，勒兵據武庫，出屯洛水浮橋，歷數爽罪于帝，求免其兵政諸權。桓范勸渠挾天子詣許昌。發四方兵以自輔，不從，奉帝還洛陽，以反逆罪伏誅，並夷三族。

卷六、紅樓夢與用典（之五）

一二九、禿妾髮

第九十二回：「（賈）寶玉道：『……妒的是禿妾髮、……，也少。……』」

典出唐張鷟（六五八—七三〇）朝野僉載卷之三：「初，兵部尚書任瓌，敕賜宮女二人，皆國色。妻妒，爛二女頭髮禿盡。太宗聞之，令上官齎金壺酒賜之，云：『飲之，立死。瓌三品，合置姬媵。爾後，不妬，不須飲；若妬，即飲之。』柳氏拜敕訖，曰：『妾與瓌結髮夫妻，俱出微賤，更相輔翼，遂至榮官。瓌今多內嬖，誠不如死！』飲盡而臥；然實非酖也。至半夜，睡醒。帝謂瓌曰：『其性如此，朕亦畏之。』因詔二女，別宅安置。」

一三〇、怨洛神

第九十二回：「（賈）寶玉道：『……妒的是……怨洛神等類，也少。……』賈母到這裏，說：『夠了，不用說了。你講的太多，他那裏還記得呢。』」

典出唐段成式（？—八六三）酉陽雜俎諾臯記上：「臨清有妬婦津。相傳言：晉泰始中，劉伯玉妻段氏，字光明，性妬忌。伯玉常於妻前誦洛神賦，語其妻曰：『娶婦得如此，吾無憾矣。』明光曰：『君何得以水神美而欲輕我？吾死，何愁不為水神。』其夜，乃自沈而死。死後七日，託夢語伯玉曰：『君本願神，吾今得為神也。』伯玉寤而覺之，遂終身不復渡水。有婦渡此津者，皆壞衣枉粧，然後敢濟，不爾，風波暴發。」

一三一、屋烏之愛

第九十三回：「賈政拆書看時，上寫道：『世交夙好，氣誼素敦。……倘使得備奔走，糊口有資，屋烏之愛，感佩無涯矣。……』」

典出尚書大傳卷三：「愛人者，兼其屋上之烏。」又，孔叢子連叢子下：「若夫顧其遺嗣，得與羣臣同受釐福，此乃 陛下愛屋及烏，惠下之道。」烏，烏鴉。「屋烏之愛」、「愛屋及烏」，均指愛其人且推及于與之攸關之人或物也。

一三二、田家有荊樹一棵

第九十四回：「獨有（林）黛玉聽說是喜事，心裏觸動，便高興說道：『當初，田家有荊樹一棵，三個弟兄因分了家，那荊樹便枯了。……』」

典出南朝梁吳均（四六九—五二〇）續齊諧記：「京北田真兄弟三人共議分財，生貲皆平均。惟堂前一株紫荊樹共議欲破三片，明日就截之，其樹即枯死，狀如火然（燃）。真往見之，大驚，謂諸弟曰：『樹本同株，聞將分斫，所以憔顇，是人不如木也。』因悲不自勝，不復解樹，樹應聲榮茂，兄弟相感，（更）合財寶，遂為孝門。」藝文類聚卷八九引周景式孝子傳曰：「古有兄弟，忽欲分爨，出門見三荊同株，接葉連陰（蔭），嘆曰：『木猶欣聚，況我而殊哉？』還為雍和。」後恆以「田家紫荊」、「三荊同株」、「摧紫荊」、「荊陰（蔭）」、「三荊」、「田荊」等以強調兄弟和睦、友愛之重要。唐李白(七〇一—七六二)上留田行詩：「田氏倉卒骨肉分，青天白日摧紫荊。」清唐孫華（一六三〇—一七二三）哭太兄允中：「白頭兄弟相依切，零落田家見紫荊。」黃鷟來（？—？，亦清人）詠懷：「田荊不再榮，姜被難復希。」

一三三、百里文書

第九十五回：「（賈璉）嘻嘻的笑道：『今日聽得軍機賈雨村打發人來告訴二老爺說，舅太爺陞了內閣大學士，奉旨來京，……有三百里的文書去了，想舅太爺晝夜趲行，半個多月就要到了。……』」

金史章宗本紀：「泰和六年，初置急遞鋪，腰鈴轉遞，日行三百里，非軍期、河防不許起馬。」榮按：泰和六年，公元一二〇六年。查歷代均於各地設有驛站，酌養驛馬，供傳送公文書、執行公差等用。清承明制，所設驛馬，定額達四萬三千三百餘匹。（清史稿卷一四一）。又，前清，凡朝廷降諭、傳諭，悉由軍機處封交兵部捷報處遞往，以事之緩急，酌郵傳之遲速，日行若干里，自三百里至八百里不等，謂之「XX里加寄」（養吉齊叢錄卷之四），猶近世速件、最速件等公文也。

一三四、青女素娥

第九十七回：「（李紈）想著：『姊妹在一處一場，更兼他那容貌才情真是寡二少雙，惟有青女素娥可以彷彿一二，……。』……」

典出淮南子天文訓：「至秋三月，地氣不藏，乃收其殺，百蟲蟄伏，靜居閉戶，青女乃出，以降霜雪。」高誘注：「青女，天神、青霄玉女，主霜雪也。」南朝宋謝莊（四二一—四六六）月賦：「引玄兔於帝臺，集素娥於后庭。」李周翰注「常娥竊藥奔月，因此為名。月色白，故云素娥。」舊說素娥人數不一，有謂多達十餘人者。如柳宗元（七七三—八一九）龍城錄唐明皇遊月宮即主此說，又南宋周密（一二三二—一二九八）癸辛雜識前集遊月宮：「明皇游月宮一事，所出亦數處。異聞錄云：開元中明皇與申天師、洪都客夜遊月中，見所謂廣寒清虛之府，不啻玉城嵯峨若萬頃琉璃田翠色，冷光相射炫目，素娥十餘舞於廣庭，音樂清麗，遂歸製霓裳羽衣之曲。……」唐杜甫（七一二—七七〇）秋野詩：「飛霜任青女，賜被隔南宮。」李商隱（八一三?—八五八）霜月詩：「青女素娥俱耐冷，月中霜裏鬥嬋娟。」明徐渭（一五二一—一五九三）月下梨花詩之一：「莫遣風吹迴作態，素娥應妒舞霓裳。」寡二少雙，謂天下獨一無二，絕無僅有。（漢書吾丘壽王傳）

一三五、桑梓

第九十九回：「賈政拆封看時，只見上寫道：『金陵契好，桑梓情深。……』」

典出詩小雅小弁：「維桑與梓，必恭敬止。靡瞻匪父，靡依匪母。」猶云見及桑梓即引發懷念父母之情，從而生恭敬之心。後人即以桑梓代稱鄉里、家鄉或鄉親父老。東漢張衡（七八—一三九）南都賦：「永世克孝，懷桑梓焉；真人南巡，覩舊里焉。」後漢紀明帝紀上：「中國者，先王之桑梓也。」唐柳宗元（七七三—八一九）聞黃鸝詩：「鄉禽何事亦來此，令我生心憶桑梓。」元劉壎（一二四〇—一三一九）隱居通議文章四：「某不材，見棄于時，桑梓羞之。」

一三六、結朱陳

第九十九回：「賈政拆封看時，只見上寫道：『……功蒙雅愛，許結朱陳，至今佩德無諼。

……』

朱陳，朱、陳二姓；在此指朱陳村言。江蘇豐縣東南有村，名曰朱陳，「一村唯兩姓，世世為婚姻。」結朱陳，代指聯姻也。唐白居易（七七二—八四六）嘗作五古朱陳村詩一首：

徐州古豐縣①，有村曰朱陳。去縣百餘里，桑麻青氛氳。機梭聲札札，牛驢走紜紜。女汲澗中水，男採山上薪。縣遠官事少，山深人俗淳。有財不行商，有丁不入軍。家家守村業，頭白不出門。生爲陳村民，死爲陳村塵。田中老與幼，相見何欣欣！一村唯兩姓，世世爲婚姻。其村唯朱陳二姓而已。親疏居有族，少長游有羣。黃雞與白酒，歡會不隔旬。生者不遠別，嫁娶先近鄰。死者不遠葬，墳墓多遶村。既安生與死，不苦形與神。所以多壽考，往往見玄孫。我生禮義鄉，少小孤且貧；徒學辨是非，祇自取辛勤。世法貴名教，士人重官婚；以此自桎梏，信爲大謬人。十歲解讀書，十五能屬文。二十舉秀才，三十爲諫臣。下有妻子累，上有君親恩。承家與事國，望此不肖身。憶昨旅遊初，迨今十五春。孤舟三適楚，羸馬四經秦。晝行有飢色，夜寢無安魂。東西不暫住，來往若浮雲。離亂失故鄉，骨肉多散分；江南與江北，各有平生親。平生終日別，逝者隔年聞；朝憂臥至暮，夕哭坐達晨。悲火燒心曲，秋霜侵鬢根。一生苦如此，長羨陳村民！

北宋蘇軾（一〇三六—一一〇一）過岐亭，於摯友陳慥家親睹所藏朱陳村嫁娶圖，口占七絕一首存世—

親睹陳季常所藏朱陳村嫁娶圖口占二首　蘇軾

其一

何年顧陸②丹青手，畫作朱陳嫁娶圖③。

聞道一村惟兩姓，不將門户買崔盧④。

其二

我是朱陳舊使君，勸農曾入杏花村⑤。

而今風物那堪畫，縣吏催租夜打門。

①唐、宋時，徐州府轄豐、沛、蕭諸縣，唐歸淮南道，北宋屬京東西路節制。

②顧，指顧愷之（三四六—四〇七）。愷之，晉無錫人，字長康，小字虎頭，時稱三絕：才絕、畫絕、痴絕。陸，指陸探微。探微，南朝宋吳（今蘇州）人。生卒年待考。歷代名畫記引張懷瓘（？—？，唐人）云：「像人之美，顧得其神，陸得其骨。」

③西川名畫錄云：「趙德元（？—？，晚唐畫家），雍京（今陝西長安縣）人。工畫車馬、人物、屋木、山水。天復中（九〇一—九〇四）入蜀，有朱陳村、豐沛盤車等圖，至今相傳。」

④崔、盧，古為江北大姓。舊唐書高士廉傳：「太宗以山東士人尚閥閱，嫁娶必多取貲，故人謂之賣昏（婚）。由是詔士廉等為氏族志。」

⑤名勝志：「朱陳村，距蕭縣東南百里。杏花村與朱陳村相連。」另參①。

一三七、棨戟

第九十九回：「賈政拆封看時，只見上寫道：『……今幸棨戟遙臨，快慰平生之願。……。』」

棨戟，ㄑㄧˇ ㄐㄧˇ。着繒衣或經髹漆之木戟。古，高秩大吏所用儀仗，出行時為前導，後亦列于門庭。漢書韓延壽傳：「延壽在東郡時，試騎士，……功曹引車，皆駕四馬，載棨戟。」後漢書輿服志上：「公以下至二千石，騎吏四人，千石以下至三百石，縣長二人，皆帶劍，持棨戟為前列。」舊唐書張儉傳：「唐制：三品以上，門列棨戟。」清周亮工（一六一二——一六七二）夜登杭州城樓有感詩：「落日荒城滿目秋，轅門棨戟未全收。」

一三八、燕賀

第九十九回：「賈政拆封看時，只見上寫道：『……正申燕賀，先蒙　翰教，邊帳先生，武夫額手。……』」

「燕雀相賀」，省詞作「燕賀」。典出淮南子說林訓：「湯沐具而蟣蝨相弔，大夏成而燕雀相賀，憂樂別也。」本多引為慶賀新廈（居）落成之用。亦用以祝賀升遷。北齊書盧詢祖傳：「詢祖初襲爵封大夏男，有宿德朝士謂之曰：『大夏（廈）初成。』（榮按：一語雙關也。）應聲答曰：『且得燕雀相賀。』」第九十九回「正申燕賀」應從後解。

一三九、樾蔭

第九十九回：「賈政拆封看時，上寫道：『……雖隔重洋，尚叨樾蔭。……』」

樾蔭，猶云蔭庇。樾，ㄩㄝˋ。樹蔭也。典出淮南子人間訓：「武王蔭暍人於樾下，左擁而右扇之，而天下懷其德。」北宋王安石（一〇二一—一〇八六）游北山詩：「客坐苔紋滑，僧眠樾蔭清。」榮按：王詩「樾蔭」應作「林蔭」解。

一四〇、蔦蘿

第九十九回：「賈政拆封看時，只見上寫道：『……想蒙不棄卑寒，希望蔦蘿之附。……』」

蔦，ㄋㄧㄠˇ。學名 Ribes ambiguam。虎耳草科，落葉小灌木，莖稍呈蔓性，攀緣古木上，葉掌狀淺裂，形微圓，有長柄，夏、葉間綻五瓣小花，色淡綠，又微紅。蘿，指女蘿言。即菟絲（子）。學名 Cuscuta japonica。旋花科菟絲子屬。蔓草，多寄生於野薔薇及其他植物上。莖細長，帶黃色，葉小如鱗狀，夏末開花，花小、呈紅白色。嫩莖可食，蔦蘿，蔦與女蘿。典出詩小雅頍弁：「豈伊異人，兄弟具來。蔦與女蘿，施于松上。未見君子，憂心怲怲。」朱熹集傳：

「言蔦、蘿施于木上，以比兄弟親戚纏綿依附之意。」

一四一、冰人

第九十九回：「賈政拆封看時，只見上寫道：『……如蒙踐諾，即遣冰人。……』」

典出晉書藝術傳索紞：「孝廉令狐策夢立冰上，與冰下人語。紞曰：『冰上為陽，冰下為陰，陰陽事也。士如歸妻，迨冰未泮，婚姻事也。君在冰上與冰下人語，為陽語陰，媒介事也。君當為人作媒，冰泮而婚成。』」榮按：後令狐策果為田、張二府作媒，兩姓於仲春成親。因稱媒人曰冰人。明葉憲祖（一五六六—一六四一）素梅玉蟾第五折：「傳家無子歎伶仃，幸有多才似舅甥。聞知馮女貌娉婷，特遣冰人繫赤繩。」清李漁（一六一〇—一六八〇）意中緣先訂：「既然如此，趁我們兩個冰人在這裏，就訂了百年之約。」

一四二、百輛之迎

第九十九回：「賈政拆封看時，只見上寫道：『……途路雖遙，一水可通。不敢云百輛之迎，敬備仙舟以俟。……』」

百輛之「輛」，本作「兩」，讀ㄌㄧㄤˋ。車乘數名，取其兩輪相當之意；同「輛」。書牧誓序：

「武王戎車三百兩，虎賁三百人，與受戰于牧野，作牧誓。」百輛，典出詩召南鵲巢：「之子于歸，百兩御之。」毛傳：「百兩，百乘也，諸侯之子嫁於諸侯，送御者皆百乘。」唐楊巨源（七五五—？）和昌舍人喜張員外自北番回至境上先寄：「百兩開戎壘，千蹄入御欄。」張光朝（？—？，咸通間—八六〇至八七四年曾應進士試，餘不可考。）天門街西觀榮王聘妃詩：「三周初展義，百兩遂言歸。」北宋蘇軾（一〇三六—一一〇一）次韻許遵：「供帳已應煩百兩，擊鮮無久溷諸郎。」

一四三、張敞畫眉

第一〇八回：「（賈）寶玉只得喝了又擲，這一擲擲了兩個三兩個四。鴛鴦道：『有了，這叫做張敞畫眉。』寶玉明白打趣他，……」

典出漢書張敞傳：「（張敞）又為婦畫眉，長安中傳張京兆眉憮。有司以奏敞。上問之，對曰：『臣聞閨房之內，夫婦之私，有過於畫眉者。』上愛其能，弗備責也。」後多以此典形容男子多情、夫婦恩愛或女子眉毛秀美；並以「畫眉」、「畫眉人」、「京兆眉」、「京兆眉嫵」、「京兆妝」、「張敞畫」、「張敞畫眉」、「張敞風流」、「張敞」、「能畫張郎」、「張敞眉嫵」、「張敞憂眉」、「京兆畫」、「畫眉手」、「畫春山」……等形式呈現。北周庾信（五一三—五八一）謝滕王賚馬啟：「張敞畫眉之暇，直走章臺；王濟飲酒之歡，長驅金埒。」隋薛道衡（五四〇—六〇九）豫章行：「空憶常時角枕處，無復前日畫眉人。」北宋周邦彥（一〇五六—一一二一）法曲獻仙音：「縹緲玉京人，想依然京兆眉嫵。」南宋張炎（一二四八—一三二〇？）浪淘沙詞：「晚妝不合整蛾眉。驀忽思量張敞畫，又被愁知。」清陳維崧（一六二五—一六八二）得桐城方爾止先生書口占：「家伎新傳張敞眉，游童暗認王涯扇。」榮按：張敞（？—前〇七）西漢河東平陽（今山西臨汾西南）人，字子高。其家先徙茂陵（今陝西興平東北），後徙杜陵（今陝西西安東南。）昭帝時，為太僕丞。因切諫昌邑王顯名。宣帝擢為豫州刺史，旋徵為太中大夫，平尚書事。後歷任山陽太守、膠東相、守京兆尹。整頓京師治安頗具績效。朝廷每議大事應奏得體，多為宣帝採納。嘗為妻畫眉，時人非之。因牽連楊惲案，遭劾奏當免，掾屬譏之為「五日京兆」，不肯聽命，渠憤而案殺之，以此免為庶人。後復起任冀州刺史、太原太守等職。

一四四、親炙

第一一五回：「（賈寶玉）只有極力誇贊說：『久仰芳名，無由親炙。……』」

親受教誨、薰陶曰親炙。炙，ㄓˋ。語出孟子盡心下：「奮乎百世之上，百世之下，聞者莫不興起也。非聖人而能若是乎？而況於親炙之者乎？」朱熹集注：「親近而薰炙之也。」北宋曾鞏（一〇一九—一〇八三）撫州顏魯公祠堂記：「聞其烈，足以感人，況拜其祠而親炙之者歟？」

一四五、謫仙

第一一五回：「（賈寶玉）只有極力誇贊說：「……今日見面，真是謫仙一流的人物。」……」

謫仙，亦作「謫僊」，ㄓㄜˊ ㄒㄧㄢ。謫居世間之仙人也。古人恆稱才行高邁者為謫仙，言非人間所有。南齊書高逸傳杜京產：「永明中，會稽鍾山有人姓蔡，不知名。山中養鼠數十頭，呼來便來，遣去便去。言語狂易，時謂之『謫仙』。」唐李白（七〇一—七六二）對酒憶賀監二首序：「太子賓客賀公，於長安紫極宮一見余，呼余為『謫仙人』，因解金龜，換酒為樂。悵然有懷，而作是詩。」孟棨（？—？，約元和、長慶間之人）本事詩高逸：「李太白初自蜀至京師，舍於逆旅。賀監知章聞其名，首訪之。既奇其姿，復請所為文。出蜀道難以示之。讀未竟，稱歎者數四，號為『謫仙』。」韓愈（七六八—八二五）石鼓歌：「少陵無人謫仙死，才薄將奈石鼓何！」南宋胡仔（一一一〇—一一七〇）苕溪漁隱叢話後集李太白：「故李謫仙吹笛詩：『黃鶴樓中吹玉笛，江城五月落海花。』」

一四六、膏粱文繡、令聞廣譽

第一一五回：「（賈蘭）便說道：『世叔所言固是太謙，……。在小侄年幼，雖不知文章為何物，然將讀過的細味起來，那膏粱文繡比著令聞廣譽，真是不啻百倍的了。』……」

典出孟子告子上：「孟子曰：『……詩云：既醉以酒，既飽以德。言飽乎仁義也；所以不願人之膏粱之味也。令聞廣譽施於身，所以不願人之文繡也。』」膏，肉之肥者。粱，米之精者。文繡，華美之服。膏粱文繡，猶云玉食錦衣也。令聞廣譽，謂美名盛譽。言仁義勝於膏粱之味，美名盛譽重於文繡之麗。

一四七、立德立言

第一一五回：「（甄寶玉）便說道：『……後來見過那些大人先生盡都是顯親揚名的人，便是著書立說，無非言忠言孝，自有一番立德立言的事業，……。』」

典出左傳襄公廿四年：「太上有立德，其次有立功，其次有立言，雖久不廢，此之謂不朽。」創制垂法，博施濟眾，聖德立于上代，惠澤被于無窮曰立德。（孔疏）。三國魏李康（?—?）運命論：「若夫立德必須貴乎，則幽厲之為天子，不如仲尼之為陪臣也。」言得其要，理足可傳，其身既沒，其言尚存曰立言。（孔疏）。東晉葛洪（二八三—三六三）抱朴子行品：「摛銳藻以立言，辭炳蔚而清允者，文人也。」

一四八、堯、舜不強巢許，武周不強夷齊

第一一八回：「（賈）寶玉點頭笑道：『堯、舜不強巢許，武周不強夷齊。』（薛）寶釵不等他說完，便道：『你這個話益發不是了。……』」

典出莊子讓王：「堯以天下讓許由，許由不受。……昔，周之興，有士二人處於孤竹，曰伯夷、叔齊。二人相謂曰：『吾聞西方有人，似有道者。試往觀焉。』至於岐陽，武王聞之，使叔旦往見之，與之盟，曰：『加富二等，就官一列，血牲而埋之。』二人相視而笑曰：『嘻！異哉！此非吾所謂道也。……吾聞古之士，遭治世不避其任，遇亂世不為苟存。……』二子北至於首陽之山，遂餓而死焉。」又，史記伯夷列傳：「……說者曰：『堯讓天下於許由。』」張守節正義引西晉皇甫謐（二一五—二八二）高士傳云：「許由，字武仲。堯聞，致天下而讓焉，乃退而遁於中嶽潁水之陽、箕山之下隱。堯又召為九州長，由不欲聞之，洗耳於潁水濱。時有巢父牽犢欲飲之，見由洗耳，問其故。對曰：『堯欲召我為九州長，惡聞其聲，是故洗耳。』巢父曰：『子若處高岸深谷，人道不通，誰能見子？子故浮游，欲聞求其名譽；汙吾犢口。』牽犢上游飲之。」又，「……伯夷叔齊聞西伯昌善養老，盍往歸焉。及至，西伯卒。武王載木主，號為文王；東伐紂。伯夷叔齊扣馬而諫曰：『父死不葬，爰及干戈，可謂孝乎？以臣弒君，可謂仁

乎？』左右欲兵之，太公曰：『此義人也。』扶而去之。武王已平殷亂，天下宗周；而伯夷叔齊恥之，義不食周粟。隱於首陽山，采薇而食之，及餓且死。」前引高士傳巢父：「巢父者，堯時隱人也，山居不營世利，年老以樹為巢而寢其上，故時人號曰巢父。」堯舜，上古二聖君，有堯大舜曰之說，餘詳史記五帝本紀，茲從略。巢許，一作巢由。巢父與許由。武周，武王（姬發）與周公（姬旦）。夷齊，伯夷與叔齊。不強，不勝過；特指氣節、胸襟而言。一說無從強求，謂不能強人之志也，亦通。

一四九、蘭桂齊芳

第一二○回：「（賈雨村）忽然笑道：『是了！是了！……適間老仙翁說蘭桂齊芳，又道……』」

蘭桂齊芳，喻子孫傑出，榮華富貴，家族興旺且發達也。晉書謝玄傳：「（謝）安[1]嘗戒約子姪，因曰：『子弟亦何豫人事，而正欲使其佳？』諸人莫有言者。玄答曰：『譬如芝蘭玉樹，欲使其生於庭階耳。』安悅。」宋史竇儀傳：「儀學問優博，風度峻整。弟儼、侃、偁、僖，皆相繼登科。馮道與禹鈞有舊，嘗贈詩，有「靈椿一株老，丹桂五枝芳」之句[2]，縉紳多諷誦之，當時號為竇氏五龍。蘭，指芝蘭，即芷與蘭，皆香草也，恆用以喻優秀子弟；與「玉樹」連用，義同。桂，謂丹桂。舊時稱科舉中第曰折桂。（參蟾宮折桂）。因以丹桂比喻科第；亦用以喻子息俊傑。榮按：舊時稱人子曰桂子。香氣曰芳。引申作「賢人」解。戰國屈原（前三三九—？）楚辭離騷：「昔三后之純粹兮，固眾芳之所在。」注：「眾芳，喻羣賢也。」

①謝安（三二〇—三八五）字安石。太元八年（三八三），前秦苻堅出兵，號稱百萬，大舉南下，京師（建康）震恐。渠受命為征討大都督，沉著鎮定，遣弟石（三二七—三八九）、兄子玄等應機征討，淝水一役告捷後，更命玄等乘勝北伐，克洛陽及徐、兗、青、豫諸州。玄，字幼度，小字遇。父奕為安之長兄。

②五代馮道（八八二—九五四）贈竇十詩：「燕山竇十郎，教子有義方；靈椿一株老，丹桂五枝芳。」三字經有「竇燕山有義方，教五子名俱揚。」即據前引詩撰成。竇十，本名禹鈞。五代（後晉）幽州（今北京）人；生卒年待考。

一五〇、鳥呼歸去

第一二〇回：「（空空道人）便點頭嘆道：『……或者塵夢勞人，聊倩鳥呼歸去；……』」

鳥，指杜鵑。呼，猶鳴也。典出蜀王本紀[1]：「蜀望帝淫其臣鱉靈[2]之妻，乃禪位而逃，時此鳥適鳴，故蜀人以杜鵑鳴為悲望帝，其鳴為『不如歸去』云。」北宋梅堯臣（一〇〇二—一〇六〇）杜鵑詩：「蜀帝何年魄，千春化杜鵑；不如歸去語，亦自古來傳。」本草綱目禽之三：「杜鵑，釋名：杜宇、子嶲、子規……怨鳥、周燕、陽雀。時珍曰：『蜀人見鵑而思杜宇[3]，故呼杜鵑，說者遂謂杜宇化鵑，誤矣。……其鳴若曰不如歸去。……』」唐許渾（七九一？—？）姑孰官舍詩：「草生官舍似閑居，雪照南窗滿素書。貧後始知為吏拙，病來還喜識人疏。青雲豈有窺梁燕，濁水應無避釣魚。不待秋風便歸去，紫陽山下是吾廬。」（全唐詩卷五三三）趙嘏（八〇六？—八五二）呂校書雨中見訪詩：「竹閣斜溪小檻明，惟君來賞見山情；馬嘶風雨又歸去，獨聽子規千萬聲。」（全唐詩卷五五〇）。「不如歸去」亦省作「不如歸」。北宋范仲淹（九八九—一〇五二）越上聞子規詩：「青山無限好，猶道不如歸。」陳瓘（一〇五七—一一二四）滿庭芳詞：「春鵑語，從來勸我，長道不如歸。」

①舊題西漢揚雄（前五三—一八）撰。

②一作鼈令。

③即蜀望帝。

一五一、石化飛來

第一二〇回：「（空空道人）便點頭嘆道：『……山靈好客，更從石化飛來，亦未可知。』想畢，……」

南宋祝穆（？—？，朱熹及門弟子）方輿勝覽臨安府：「飛來峰又名天竺山，乃葛仙翁[1]得道之所。郭功甫詩：『誰從天竺國，移得一峰來；占盡湖山秀，最宜煙雨開[2]。』王介甫詩：『飛來山上千尋塔，聞說鷄鳴見日昇，不畏浮雲遮望眼，自緣身在最高層③。』」咸淳臨安志④：「晉咸和中有天竺國僧慧理登此山，嘆曰：『此是中天竺國靈鷲山之小嶺，不知何年飛來？』因住錫，造靈隱寺，號其峰曰飛來。」明田汝成（？—？，嘉靖五年進士）西湖遊覽志卷一〇：「飛來峰，介乎靈隱、天竺兩山之間，……怪石森立，青蒼玉削，……壁間布鐫佛像，皆元浮屠楊璉真伽所為也。晉咸和元年，西僧慧理登而歎曰：『此乃中天竺國靈鷲山之小嶺，不知何以飛來？仙靈隱窟，今復爾否？』因樹錫結菴，名曰靈隱，命其峰曰飛來。」

①即葛洪（二八三—三六三）。一說葛於羅浮山修道練丹。

②郭詳正（？—？，約天禧、天祐間人）字功甫，又作功父；此首詩詩題曰天竺峯。

③王安石（一〇二一—一〇八六）字介甫、號半山。此首詩詩題曰登飛來峰。

④成書於咸淳間（一二六五—一二七四），故稱。較前引方輿勝覽為晚。

一五二、魯魚亥豕

第一二〇回：「曹雪芹先生笑道：『……既是假語村言，但無魯魚亥豕以及背謬矛盾之處，……又不必大人先生品題傳世……』」

「魯」與「魚」，「亥」與「豕」，於篆文屬形體近似字，極易錯讀。東晉葛洪（二八三—三六三）抱朴子遐覽：「又譬之於書字，則符誤者，不但無益，將能有害也。書字人知之，猶尚寫之多誤。故諺曰：『書三寫，魚成魯，虛成虎。』此之謂也。」呂氏春秋察傳：「有讀史記者曰：『晉師三豕涉河。』子夏曰：『非也，是己亥也。夫已與三相近，豕與亥相似。』後遂以「魯魚亥豕」泛指書籍傳寫、刊印中之文字錯誤也。元黃溍（一二七七—一三五七）日損齋筆記辯史：「去古既遠，經史魯魚亥豕，若此者不一。」

一五三、刻舟求劍、膠柱鼓瑟

第一二〇回：「曹雪芹先生笑道：『……似你這樣尋根究底，便是刻舟求劍、膠柱鼓瑟了。』……」

刻舟求劍，典出呂氏春秋察今：「楚人有涉江者，其劍自舟中墜於水，遽契其舟曰：『是吾劍之所從墜。』舟止，從其所契者入水求之。舟已行矣，而劍不行，求劍若此，不亦惑乎？」榮按：契，一本作「刻」。喻拘泥成法，固執而不知變通；亦省作「刻舟」。南宋陸游（一一二五—一二一〇）謝梁右相啟：「刻舟求劍，固匪通材。」明徐渭（一五二一—一五九三）自書小像贊一：「人又安得執斯圖，以刻舟而守株。」

膠柱鼓瑟，語出史記廉頗藺相如列傳：「王以名使（趙）括，若膠柱而鼓瑟耳。括徒能讀其父書傳，不知合變也。」鼓瑟時，以膠固定弦柱，即無從調音。亦用以喻固執、拘泥，不知變通。南宋李綱（一〇八三—一一四〇）桂州答吳元中書：「……故在靖康之初，有備則當守，靖康之末，無備則當避，豈可膠柱而鼓瑟耶？」另，「膠柱」一詞，與「膠柱鼓瑟」同義。三國魏邯鄲淳（？—？，生於東漢季年）笑林：「齊人就趙人學瑟，因之先調，膠柱而歸，三年不成一曲。」唐李紳（七七二—八四六）拜三川守詩；「改張琴瑟移膠柱，止息笙簧辨魯魚。」近人王毓岱（一八〇五—一九一七）乙卯自述一百四十韻：「輟耕投筆日，膠柱刻舟嗤。」

一五四、更轉一竿頭

第一二〇回：「後人見了這本奇傳，亦曾題過四句為作者緣起之言更轉一竿頭云：說到辛酸處，荒唐愈可悲。由來同一夢，休笑世人痴！」

景德傳燈錄長沙景岑招賢大師：「師示一偈曰：『百丈竿頭不動人，雖然得入才為真。百丈竿頭須進步，十方世界是全身。』僧問：『只如百丈竿頭如何進步？』……」五燈會元天童淨全禪師：「上堂，舉：『長沙示眾曰：百尺竿頭坐底人，雖然得入未為真。百尺竿頭須進步，十方世界現全身。』……」此一佛門典故，原用以喻道行已臻極高之境界，後人多用以喻在既有基礎之上，企求超越、突破、再創卓越也。南宋朱熹（一一三〇—一二〇〇）答鞏仲至書：「……故聊復言之，恐或可以少助百尺竿頭更進一步之勢也。」

新校本紅樓夢用典統計

區分	回次	用典數量（單位：則）	%	備注
前八十回㈠	一、	7.		
	二、	3.		
	三、	2.		
	四、	3.		
	五、	2.		
	八、	1.		
	九、	2.		
	十三、	1.		
	十五、（六三）	1.		
	十六、	2.		
	十七、	7.		
	十八、	3.		
	十九、	2.		
	廿三、	1.		

區分	回次	用典數量（單位：則）	%	備注
前八十回㈡	廿六、	1.	66.23%	其中一則與第15回相同，已扣除。
	廿七、	1.		
	卅、	2.		
	卅一、	1.		
	卅六、	1.		
	卅七、	3.		
	卅九、	3.		
	四一、	1.		
	四二、	2.		
	四五、	3.		
	四八、	3.		
	五〇、	1.		
	五一、	1.		
	五三、	1.		
	五四、	1.		

(三)前八十回	
五六、	2.
五七、（九二）	1.
五八、	1.
六一、	1.
六二、	3.
六三、	3.*
六四、	2.
六五、	1.
六六、	1.
七〇、	1.
七一、	1.
七三、	3.
七四、	2.
七五、	2.
七六、	3.
七七、	7.
七八、	3.
七九、	4.
* 其中一則與第15回相同，已扣除。	

後四十回		合計
八二、	4.	
八三、	2.	
八四、	2.	
八五、	1.	
八六、	3.	
八七、	1.	
八九、	1.	
九一、	1.	
九二、	13.*	
九三、	1.	
九四、	1.	
九五、	1.	
九七、	1.	
九九、	8.	
一〇八、	1.	
一一五、	4.	
一一八、	1.	
一二〇、	6.	
	(52)	154
	33.77%	100%
* 其中一則與第57回重複，已扣除。		

主要參考用書舉隅

紅樓夢版本探微　劉世德　華東師大
紅樓夢研究　俞平伯　里仁（臺）
說夢錄　舒蕪　上海古籍
紅樓夢研究史論　白盾主編　天津人民
紅樓夢人物素描　徐慰忱　五洲
紅樓夢研究稀見資料匯編（上、下）　呂啟祥等編　人民文學
紅樓史稿　韓進廉　河北人民
紅樓小講　周汝昌　北京
紅樓夢研究　李辰冬　新興（臺）
紅樓夢人物論　王昆侖　里仁（臺）
立松軒本紅樓夢考辨　鄭慶山　中國文聯
紅樓夢研究新編　趙岡　陳鍾毅　聯經（臺）
石頭記索隱　蔡元培　北大
紅樓夢考證　胡適　北大

紅樓論集　潘重規　三民（臺）
紅樓夢引論　曾楊華　中山大學出版社
紅樓通史（上、下）　陳維昭著　上海人民出版社
乾隆甲戌本脂硯齋重評石頭記（上、下冊影本）胡適藏本　中央印製廠（臺）
脂硯齋重評石頭記甲戌校本　鄧遂夫校訂　作家出版社
脂硯齋重評石頭記庚辰校本　鄧遂夫校訂　作家出版社
脂本彙校石頭記（上、中、下）　鄭慶山校　作家出版社
精批補圖紅樓夢（上、下）　大某山民評本　廣文（臺）
紅樓夢　改琦繪像　周書文點校　北京圖書館出版社
甲辰本紅樓夢　書目文獻出版社
紅樓夢鑒賞珍藏本　鍾禮平主編　寧波出版社
重校八家評批紅樓夢　馮其庸校訂　江西教育出版社
四松堂集　清　敦　誠　中國環境科學出版社
高蘭墅集　清　高　鶚　中國環境科學出版社
棗窗隨筆　清　裕　瑞　中國環境科學出版社
綠煙瑣窗集　清　富察　明義　中國環境科學出版社
懋齋詩鈔　清　敦　敏　中國環境科學出版社

閱紅樓夢隨筆　清　周　春　中國環境科學出版社
春柳堂詩稿　清　張宜泉　中國環境科學出版社
紅樓夢校注（一、二、三）馮其庸等校注　里仁（臺）
廿六史（含清史稿）　鼎文等（臺）
叢書集成（初、續、新編）　新文豐（臺）
四部備要（集部）　中華（臺）
文淵閣四庫全書（集部）　商務（臺）
藝文類聚　中華（滬）
初學記　唐　徐堅、張說　商務（滬）
歷代史料筆記叢刊　中華（滬）

餘詳各則注釋、各注記，茲不備載。